Heibonsha Library

戦争のグラフィズム

平凡社ライブラリー

Heibonsha Library

戦争のグラフィズム

『FRONT』を創った人々

多川精一

平凡社

本著作は一九八八年五月、平凡社より刊行された
復刻版『FRONT』III　解説の論文を加えたものです。

目次

図版収集　多川精一

序章　一九四一年秋

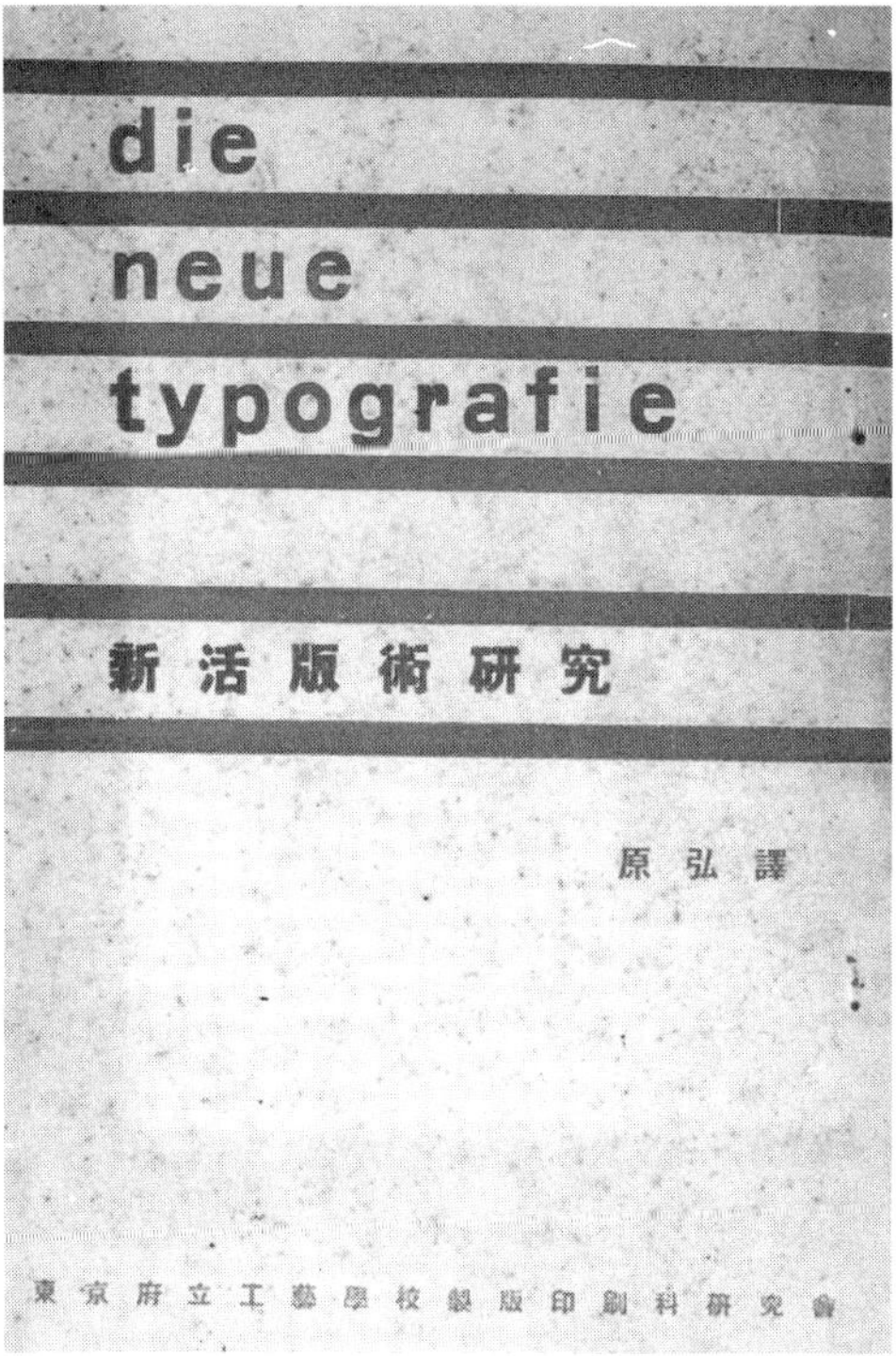

●原弘が翻訳・出版した『新活版術研究』。1932年

〝棚ボタ就職〟でデザインの世界に入る

二人の先生に呼び出された科務室には、校庭ごしに秋の陽射しが窓から長く差し込んでいた。

もうあれは四十五年も前になってしまったのだ。当時私は、東京の水道橋際にあった東京府立工芸学校製版印刷科に五年生として在学中であった。その一ヵ月後には日本を壊滅に追いこんだ太平洋戦争（当時の日本政府は大東亜戦争と呼んだ）が始まったのだが、開戦前夜の緊迫した国際情勢など新聞で接するだけで、二十歳前の少年にはまだ切迫感は感じられなかった。本来なら翌年三月の卒業が、国民の戦時動員の必要から十二月に繰り上げられた理由も、それほど深く考えることはなかったのである。

「今度、原先生は学校をやめられて、新しい仕事につかれることになった」

西陽を背にした科長の千原三郎先生が、いつもの優しい眼で私を見つめていた。

「原先生は、君が上級学校に進む気がないのなら、君を助手にしたいとおっしゃっている。どうかな」

「今度の仕事は外国向けの宣伝雑誌をつくる会社で、人数は少ないが優秀な人たちが集まっているところだから、君も本が好きで将来そういう道に入るつもりであれば、君のためにも大変よいと思う」

隣に座っていた原弘《はらひろむ》先生が、千原先生の言葉を引き継いで説明してくれた。

原先生は印刷科の第一回の卒業生で、卒業後そのまま母校に残り、図案と平版実習を私たちに教えていた。口数の少ない先生で授業中も余計なことはしゃべらず、課題を与えた後は黙って学生に勝手にやらせることが多かった。わからないことを質問すればよく教えてくれたが、疑問も感じないでいわれたことしかやらない者には、何もいいもせず教えもしない、学生にとってはうるさくもないが、それほど親近感も持てない先生だった。しかしそのころ原先生はすでに新進の、今でいうグラフィック・デザイナーとして、教鞭をとる傍《かたわ》ら新しい優れた仕事を発表されていたのである。先生の先輩や友人には、太田英茂《ひでしげ》、林達夫、岡田桑三《そう》、伊奈信男、木村伊兵衛、名取洋之助など、新興写真やデザイン表現の開拓者であり、戦後にはそうした各界で活躍した人たちが大勢いた。しかし、それを知ったのはずっと後のことであり、まだ少年であった私には、到底知るよしもなかった。

私の家は当時貧乏のどん底で、親戚の荒川文六・九州帝国大学総長（当時）などから学費を援助してもらい、それでも足りずに学校の口ぞえで育英会からも月謝分を出してもらうなどして、やっと五年間を過ごしてきていた。兄が召集で兵隊にとられたときなど、銀座並木通りにあった業界新聞で、原稿配送のメッセンジャーボーイとして、夕方五時から十時ごろまで働いたこともあった。そういう家庭の事情から、上級の学校など望むべくもないことはわかっていた。さりとて一刻も早く就職を決めなければという緊迫感もなく、卒業までにはなんとかなるだろうと、のんきな気持ちでいたことも確かではあったが、両先生のお話から私は、とにかく就職が入社試験もなしに決まりそうだと直感的に感じとった。

千原先生は、「家の方とも相談して、よく考えてから返事をするように」といわれたのだが、私は「お願いします」と即座に決めてしまった。図案という今でいうデザインの仕事が、なんとなく性に合いそうだと自分でもかねがね思っていたのと、気むずかしいと思っていた原先生が、ちゃんと自分のいいところを見ていてくれたことがうれしかったのである。学校にしろ就職にしろ、入るのには試験という関門をパスしなければならないのは、昔も今も変わらない。それがいわば無試験で、恩師のメガネで決まってしまったのだから、当時はそれがうれしくてしようがなかった。

このようにして私の就職は「棚からボタ餅」のようにあっけなく決まってしまったのだが、

この「東方社」という最初の職場で出会った人たちや、そこで覚えた仕事が、その後の私の一生を決定するようになるとは、当時夢にも考えていなかった。人間の生涯を左右するのは、その人の才能や努力であることは確かだが、長い一生にはいくつかの重要な岐《わか》れ道があり、そのポイントで右に行くか、左に道をとるかは、必ずしも自分自身の判断だけで決まるわけではない。そこでは個人の力とは別な、運または天命とでもいうべきものが、きっかけになることは確かである。

理事長は映画俳優

昭和十七年の正月は信州の雪の中で迎えた。繰上げ卒業式を十二月に終え、就職の決まった東方社の初出勤日は一月四日だったので、学生でも社会人でもない十日間を、先日までの級友数人とスキーに費やしていたのである。すでにその二十日ばかり前の十二月八日には、アメリカ、イギリスなどの連合国相手の戦争が始まっており、日本中が騒然としていた時期であった。間もなく自分たちも軍隊にとられ、戦場に出なければならなくなることはわかっていたが、若さゆえの鈍感さなのだろうか、開戦直後の当時はまだ緊迫感はなかった。ハワイ・マレー沖での緒戦の戦果がデカデカと載った元日の新聞を、雪深い菅平の農家で見て、少年っぽさの抜けない友人たちと興奮したのだった。

私たちの世代は典型的な戦中世代である。小学校に入学したときには、すでに大陸で戦争が始まっており、それ以後軍国主義や国家主義が急速に日本を席捲《せっけん》しはじめた時代に教育を受けた。戦後の平和な日本しか知らない人には信じられないかもしれないが、当時戦争は日常でありながら、それは遠い大陸の地で行われていたので、戦火の実感はまったくなかった。そういう毎日がすでに十年以上続いていたのである。だから戦場が太平洋全域から東南アジアにまで広がっても、国内では現在の戦争ドラマなどに出てくるような状況になったわけではなかった。少なくとも開戦後一年間はそれまでの延長のような日常だったのである。

正月明けの四日が初出勤日であった。東方社は東京市小石川区金富町（現在の文京区春日）の住宅地にあり、当時私が住んでいた家から歩いて五分ほどの近くである。新しい衣料は配給切符がなければ買えない時代だったから、金ボタンの黒い学生服のまま出社した。この日、昭和十七年一月四日は、私にとってデザイン稼業に入った生涯の記念すべき日となったのである。

前年の暮れに原先生に伴われてこの会社に一度行っている。このとき、理事長である岡田桑三氏に会った。二、三質問されただけだったが、これがいわば形式的な面接試験だったのであろう。岡田理事長はその少し前まで松竹映画の俳優だった人で、山内光《やまのうちひかる》という芸名で無声映画時代から活躍していた二枚目だった。どう見ても混血としか思えない日本人ばなれのした顔、そして長身。コチコチに硬くなっていた私には別世界の人のように思えた。

あとから聞いたことだが、社名の東方社は、中国語で日本を指す「東方」からとったのだそうである。陸軍参謀本部の直属団体として、対外宣伝用の出版物をつくるところと聞かされていた。社は総務・編集・調査・写真・美術の五部に分かれ、私は原先生が部長である美術部に所属することになっていた。部の中では美術部が一番小人数で、原部長の下に蓮池順太郎、小川寅次、宇佐美リツといった人たちがいた。

蓮池氏は痩身、飄々《ひょうひょう》とした人柄で東京美術学校（現・東京芸術大学）出身。小川氏は戦後偶然にも都営アパート団地の同じ階に住むことになったのだが、このときは原部長と同年の四十歳というわりには、ふけた感じの人の良さそうなおじさんだった。宇佐美さんは小柄の口本風の美人で、おかっぱ髪をしていたので十八歳くらいかと思ったが、あとで聞いたら女子美術学校をだいぶ前に出た人で二十六歳と知ってびっくりした。女性の年齢は見かけではわからないことをさとらされた最初の人であった。

東方社の社屋は山の手の古い住宅地にあって、車も入れない狭い道に面した、大正期の洋館風の木造建築で、元東京市長の田尻稲次郎氏の邸宅だったこともある屋敷を買い取ったのだそうである。私が入社したときは高台のはずれにある敷地の庭に、二階建ての新しい社屋を増築中であった（このころは建築資材も不足していて、軍需以外は新増築などできなかった時代である）。それが完成するまでは古い洋館のせまい部屋に、人と机がひしめいている感じで、新参者の私は当分自分の机はなく、片隅の補助椅子に所在なく腰かけていた。

入社当日、原先生に連れられて他の部に挨拶回りをしたが、なにしろ生まれて初めての就職で緊張していたせいか、どの部屋もせまく人がひしめいていたという印象しか残っていない。さまざまな個性豊かな人たちが記憶に留められるようになったのは、ようやく三月に新館が完成して、やっと落ち着いた職場になってからである。社屋が広がって美術部は三部屋になった。新館の北向きの五坪ほどの部屋に原先生と私が入り、もといた旧館の部屋は小川さんと宇佐美さんが残って、エアブラシを使っての写真修整をやっていた。この修整技術が後にさまざまなモンタージュ写真を生みだすことになったのである。

写真部は人数が一番多く、新館一階のほとんどを使っていた。暗室はチョビ髭《ひげ》をはやした予備役陸軍中尉の肩書を持つ風野晴男さんが主任で、何台もの引伸機が並び、水洗場は小さな銭湯の浴槽くらいあった。部長の木村伊兵衛さんはたいてい革のジャンパーを着て、若い部員と大声で賑やかに話をしていることが多かった。

スタッフは自由主義者と共産党員

入社してからしばらくは仕事らしい仕事はなく、何もしないでいることの辛さを存分に味わわされた。旧館のせまい部屋にいる間にやらされたことは、『FRONT』（『フロント』）の題字や、表紙に入るナンバーと年号の数字の版下を描《か》くことくらいであった。とはいっても、これは学校の実習のような甘いものではなかった。最初鉛筆の下書きを先生に見てもらう。何回かやり直し。指摘された〝2〟や〝0〟のカーブを描き直して再提出。また直される。何回か繰り返して翌日やっと墨入れを命じられる。烏口と製図インキで仕上げる。また不合格。ホワイトで修整。やっとOKが出たが、版下としては汚くなったのでもう一度新しく描き直し。これで三日ほどかかった。とにかく原先生は文字には特にうるさかった。このように最初に版下描きでプロの厳しさを叩き込まれたのであった。

こういう仕込み方は現在では考えられないことだが、昔は学校の教育も不完全であり、どんな技術でも師匠から身体で仕込まれるのが当たり前であった。仕事をしながら覚えるということも、戦時中とはいっても、社会全体のテンポが今よりはるかにのんびりしていたからできたのであろう。

文字描き以外の助手としての仕事は、レイアウト指定紙のコピーをとることであった。昭和十七年の初めのころは、最初の『FRONT』である「海軍号」の、各国語版の文字の刷込みをやっている時期で、とったレイアウトのコピーに、活字組の清刷を指定位置に貼り込む仕事も多かった。当時は現在のような複写機があったわけではないから、ライトテーブルの上で、トレーシング・ペーパーに刷った割付用紙に、組版用と控え用の指定紙を手で引き写していた。こういうやり方は複写機が普及し、人件費も高くなった今日では姿を消してしまったが、先輩の指定紙を手で写すという作業は、レイアウトを覚えるのに最高の方法ではなかったかと思っている。ちなみに当時使っていた割付用紙は、一分《ぶ》(曲尺《かねじゃく》で約三ミリ)方眼であった。寸法指定はすべて尺貫法の尺・寸・分で、メートル法はまだ印刷の世界では通用していなかった。

東方社に入って何ヵ月かたつと、おいおい、ここのスタッフ、特に編集・写真・美術といった制作部門にいる人たちの、自由気ままな雰囲気がわかってきた。そして幹部の人たちの多くは、前から銀座に中央工房という組織をつくっていた仲間同士であることも知った。

理事長の岡田桑三氏をはじめ林達夫、木村伊兵衛、原弘といったおえら方は、当時四十歳前後の働き盛りの年齢だった。それから幹部の中には、元国際共産党員でモスクワから帰ってきた人もいるということも知らされた。

こういうことを忌憚《きたん》なく新入りの若造に教えてくれたのは、やはり中央工房から来た渡辺勉さんだった。渡辺さんと呼ぶ人は誰もいず、皆「勉《べん》さん」と呼んでいた。戦争が始まっていて世の中がカーキ色一色になっている中で、派手なサーモンピンクのセーターを着ていたのが印象に残っている。勉さんに限らずここの人たちは服装が派手だった。社会に出るというので、貴重な衣料切符で国民服をつくってしまった私はひそかに後悔した。

元映画俳優、大学の先生、写真家、デザイナー、新聞・雑誌の編集者といったさまざまな職種の人たちに、当時非合法だった元共産党員までを交えて、なぜ国家宣伝などという仕事を始めたのか。半世紀を過ぎた今日の人びとに理解してもらうためには、東方社が創立された昭和十六年よりさらに時代をさかのぼって、大正から昭和の初めにかけての社会状況や、新しい芸術運動の流れから見ていかなくてはなるまい。

1 ふたつの大戦の狭間で

●「海軍号」表紙。グラビア2色刷

新興芸術運動と最初の写真ブーム

一九一八（大正七）年に第一次世界大戦が終わって、国土の復興に努めていたヨーロッパ各国では、芸術運動の面でもダダイズムをはじめとする、新しい波が起きはじめていた。グロピウスのバウハウスが、戦火の痕も癒《い》えないドイツのワイマールに創立されたのは一九一九（大正八）年であり、一方革命後のソビエト・ロシアでは、構成主義の芸術家たちが革命政府に協力して、建築やプロパガンダに新風を吹きこんでいた。機械と芸術の関係を見直そうとする新興芸術運動は、文学や演劇、映画、舞踊、そして写真やデザインなどの世界にも影響を与えるようになっていた。

そうした世界的な社会状況の中で、日本にもようやく明治的な古い封建制の殻から抜けだして、初めてデモクラティックな風潮が芽生えはじめていた。この時代、インテリの若者や芸術家たちの間では、左翼思想が新鮮な興味を引くようになっていたのである。

大正から昭和の初めに二十歳代を送った青年は、大なり小なりマルキシズムの洗礼を受けている。それは進歩と同義であり、今流にいえばカッコいい流行でもあった。したがってこ

●『アサヒグラフ』創刊号（1923年11月14日号）表紙

●ロシア博覧会のポスター。エル・リシツキー作。1929年

うした人たちが範とするのは、革命後のロシアであり、ヒトラーが天下をとる前のドイツであった。第一次大戦後の日本の若者が、アメリカ文化の影響を大きく受けてきたように、古い既成の残滓《ざんし》を社会から払拭するために、左翼思想や外国文化に夢を託したのであった。

　大正時代はまた小市民階級の時代ともいわれ、最近再認識されてきたアール・デコも、このころ、一九二〇年代に流行したデザイン様式である。そして小市民的な趣味としてアマチュア写真が爆発的に流行し、日本における最初の写真ブームが起きた時代でもあった。当時の出版界はそうした時代風潮を反映して、多くのカメラ雑誌やグラフ雑誌を創刊している。『週刊朝日』『サンデー毎日』『アサヒグラフ』など、今日まで発行が続いている雑誌が多い。

乾板やパックフィルムを使った手札判のハンドカメラは爆発的な売行きを見せ、生活に余裕のある人びとは、自ら現像・密着・引伸ばしまでを楽しんだのであった。そういう流行は必然的にカメラ雑誌やグラフ誌の創刊をうながすとともに、写真に対する興味は、新聞・雑誌の紙面のグラフ化に拍車をかけたのである。

事件や戦争でグラフ・ジャーナリズムが売行きを伸ばすのは、今も昔も変わりはない。一九二三（大正十二）年九月の関東大震災は、東京の印刷工場を壊滅に追いこんだと同時に、出版の世界に写真という媒体の重要さを認識させたのであった。また東京の印刷設備はこの災害を機に一新し、写真製版設備や輪転グラビア印刷が急速に普及した。そして35ミリ小型カメラの先駆であるライカII型（＝A型）が、ライツ社で製造されて売り出されたのも一九二四（大正十三）年であった。このように一九二〇年代前半は、華やかな写真の時代の幕開けでもあったのである。

この時代に各国に先駆けて写真の力を利用したのは、革命後、日の浅いソビエト・ロシアであった。後年の国家宣伝雑誌“USSR in construction”（『建設のソ連邦』）の前身である『ソビエト・ロシア画報』が、早くも一九二一（大正十）年に創刊されている。革命後のソ連では構成派の芸術家たちが、革命政権に協力してそのプロパガンダに斬新なスタイルを実験していた。

大正リベラリズムから激動の昭和へ

のちに東方社の美術部長になる原弘は、このころ、東京府立工芸学校を卒業後母校に残って、印刷科の教師として後輩の指導に当たっていた。原は一九〇三（明治三十六）年、信州飯田で印刷業を営む家庭の長男として生まれた。第一次世界大戦の終わった一九一八（大正七）年、東京府立工芸学校に印刷科が新設されたことを聞いた父の原四郎は、さっそく願書を取りよせ弘を受験させた。第一回生として無事合格した彼は、飯田中学を中退して工芸学校印刷科に入学した。このときの初代印刷科科長は、蔵前高等工芸学校を卒業した新進気鋭の宮下孝雄であった。宮下は印刷図案、今でいうグラフィック・デザインに理解と造詣を持った最初の人であったが、上京してまずこの宮下に出会ったことが、後年の原弘の生き方を決定するきっかけとなったことは間違いない。

●原弘。「東京印刷美術家集団展」会場で，1933年

その後の原は、東方社に全力を投入する一九四一（昭和十六）年までの約二十年間、母校で印刷実習とデザイン技術（当時は図案といった）の教鞭をとっていたが、日本の現状に飽きたらない彼は、一貫して海外のグラフィック、特に写真を扱う新しい表現と、タイポグラフィックなレイアウトに関心を向けていた。また海外の文献を読解するために、苦労して独学でドイツ語を習得し“die neue typografie”（『新活版術研究』）を翻訳し、私家版として発行した（序章「扉」参照）。

一九二五（大正十四）年ごろから、ソ連ではスターリンが政敵トロツキー派を追放してその力を次第に強め、第一次五ヵ年計画の遂行など、革命国家建設に向かって動き出していた。当然各国の共産主義者の活動は活発になり、それに対抗して右派政治勢力も過激な行動をとるようになってきた。イタリアの国会でムッソリーニが独裁権を確立したのは一九二八年であった。日本もその例外でなく、この年昭和三年には全国規模で共産党員千六百余人を検挙(三・一五事件)、同年六月には満州(現・中国東北部)で関東軍が張作霖を爆殺、その数日後には緊急勅令をもって、戦前有数の悪法である治安維持法の規定に死刑を加えた。こうして軍・政・警の連係プレーで、日本を右傾化させていったのであった。同じ年の七月には内務省に特別高等警察課(特高)が、また陸軍憲兵隊に思想係が置かれている。

このように第一次世界大戦終了後わずか十年にして、世界は早くも左右勢力激突の様相を見せはじめていた。明治維新から半世紀しか経ていない当時の日本の中枢には、藩閥的封建性が色濃く残っていた。またそうした気運の中で、第一次大戦後の国際的な軍備縮小気運に押し込められて、欲求不満をつのらせていた軍は、右翼勢力と結びついて、大陸侵略の機会を狙っていたのである。

一九二九(昭和四)年にニューヨークの株式暴落で始まった経済恐慌の波は、翌年には日本にも波及し、社会は急激に不況の底に沈んでいった。しかしそんな中で、一般大衆は大正の小市民的モダニズムと、リベラリズムの夢を追って、次第に享楽的な風潮に流されていた。ダンスホールやカフェーが隆盛を極め、エログロ・ナンセンスといわれた時代の陰で、軍の大陸侵略計画は着々と進行していたのである。

一九三一（昭和六）年、ついに関東軍は満州で本格的に侵略行動を起こした。十五年にわたる戦争の始まりであった。

太田英茂のもとで——原弘と木村伊兵衛の出会い

戦前から戦後にかけて、宣伝広告の世界に関係した人だったら、太田英茂の名を知らない者はあるまい。太田は昭和初期のころ、花王石鹼株式会社長瀬商会の三代目社長・長瀬富郎に協力して、老舗の改革と新製品の開発・宣伝・販売に取り組んだ。このとき以後の斬新で目覚ましい宣伝の業績と、能力ある人間の発掘と育成で、宣伝広告の世界において大きな足跡を残した、今でいうプロデューサーあるいはアートディレクターの草分けである。

太田は一八九二（明治二十五）年に、信州松本の郊外、梓村（現・梓川村）に生まれた。少年時代、家庭の事情から単身上京、苦学を続ける間に、著名なキリスト者である海老名弾正に出会いその薫陶《くんとう》を受けた。後には海老名から雑誌『新人』の編集をまかされ、さらに関東大震災（一九二三年）の後に「新人社」を起こし、大宅壮一、林房雄、服部之総らと交わり、社会主義に目覚めていった。

太田は一九八二（昭和五十七）年九十歳で亡くなるまで、終生クリスチャンであると同時に、マルキシズムを信奉し続けた。太田英茂という一人の人間の中に、この両者を矛盾させることなく共存させたのは、まさしく彼が育った大正デモクラシーの理想主義だったのであろう。それは人間に対する愛であり、壮大なロマンチシズムでもあったのである。

この太田が花王石鹸の長瀬社長に請われて広告文案係として入社したのは、関東大震災以後独力で続けていた雑誌『新人』が、当局の弾圧で挫折した一九二六（大正十五）年のことであった。その後この二人はわずかの期間に肝胆相照らす仲になり、老舗である長瀬商会の改革に取り組むことになった。青年社長と太田は社員寮に歳若い社員を集めて、広告や販売の戦略について、さらにマルクスや社会主義について、毎夜遅くまで熱心に議論を闘わせたという。そうした青年社員の中には後に東方社に入り、戦後写真評論家になった渡辺勉もいた。クリスチャンでもある青年社長と太田は、自社の若い社員をアジって、自らの企業を大衆のための「理想的生産販売の団体」に仕立てようと、次々に改革の手を打っていったのである。

昭和初期、左翼思想がまだ新鮮でロマンチックでもあった時代とはいえ、今日の固定化した企業経営や、観念化してしまった労働運動の中で、がんじがらめになっている今の我われから見れば、当時の彼らの行動には、羨望を禁じ得ないものがある。

●花王石鹸の新聞広告。写真・木村伊兵衛。1931年

一九三〇（昭和五）年、計画は着々と進み、新装花王石鹸の発売準備に取りかかった。このとき太田の発案で、新製品を斬新な包装にするため、そのデザインを、著名な図案家と前衛的な仕事をしている舞台装置家に、コンペ形式で依頼することになった。そのメンバーには、図案家では杉浦非水、広川松五郎など、それに築地小劇場の舞台装置をやっていた吉田謙吉、村山知義、そして府立工芸学校の宮下孝雄もいた。しかし宮下は辞退して原弘を推薦した。その結果、最も若い原の作品の採用が決定した。このときの報酬は参加者すべてに百円を、採用案にはさらに三百円が支払われたと、原は後に語っている。不況のどん底にあっ

た当時、四百円の報酬は新卒の給与一年分にも相当したという。原弘の手によるこのときの花王石鹼の基本デザインは、戦後もしばらくの間使われ続けたほど優れたものであった。

クリスチャンの伝道師としての経験はあっても、太田は宣伝広告の仕事はこのときが初めてである。それにもかかわらず、このキャンペーンで次々と打った手は、現在でも斬新さを失っていない。当時太田が宣伝販売のために発案したキャッチフレーズを並べてみよう。

「純粋度九九・四％」

「うぶ湯のときから花王石鹼」

「工場採算の革命！」

「大衆が生み出した大衆の石鹼」

「世直し運動の先陣を承る」

太田はまた新聞広告にも力を入れ、当時製版技術が未熟で、写真を使う広告がほとんどなかったのを、木村伊兵衛という小型カメラを駆使する新進の写真家を起用して、スナップ的に撮りまくった写真をふんだんに使った。その題材は、労働者や工場・鉄道、庶民住宅の物干し台といった意表をつくものばかりであった。これは、化粧石鹼はまだ贅沢《ぜいたく》品という観念を持っていた庶民に、安い日用品として印象づけるためのキャンペーンでもあった。

しかしこれほどの華々しい宣伝にもかかわらず、売上げは思ったほどは伸びなかったという。新しい風俗が巷《ちまた》に氾濫していても、不況の嵐の吹きまくる真っ只中であり、貧しい庶民の生活革命までにはつながらなかったのであろう。しかしこの仕事で太田は、多くの若手のアーティストや経営者らを結びつけた。原弘と木村伊兵衛もここで知りあった。後年の中央工房設立以後、戦時中の東方社から戦後に至るまで二人が長年のコンビを組むきっかけは、このとき生まれたのであった。

太田英茂はこの後花王石鹼を退社し、自ら共同広告事務所という組織をつくり、広告宣伝の仕事に専念した。千代田ポマードや興真牛乳など、彼の手がけた企業宣伝は、広告技術の斬新さばかりでなく、商品計画、販売組織といった経営面にまで及び、今でいう経営コンサルタントや、商品開発から宣伝のプロデュースにまで及んだ。

また写真家、画家、デザイナーなどの新人を発掘し、これを育てるアートディレクターとしての手腕をここでも発揮していた。原の後輩である大久保武は早くから共同広告事務所に入社していたが、新聞全三段という派手な求人広告で応募してきた二百七十人を面接したという。その中でただ一人選ばれたのが、当時十九歳だった亀倉雄策である。ほかに知人の推薦で氏原忠夫も入社した。

『光画』をめぐる人びと

花王石鹼の太田英茂に指導されて、下町の庶民の生活を撮りまくった木村伊兵衛は、もともと東京下谷の生まれ（一九〇一年）で、生粋の江戸っ子の家系である。代々の組紐製造業の長男だったが、自称不良少年だった木村は家業を継がず、趣味の写真で生計を立てたくて、一九二三（大正十二）年の関東大震災後、親から資金を出してもらい写真館を開いた。一九二九（昭和四）年にツェッペリン伯号というドイツの飛行船が、世界一周の途中日本に立ち寄った。そのとき船長エッケナーの胸にぶら下がっていたライカのカッコいいのに惚れこんで、翌年、使っていたカメラ一式を売り払って、ライカA型とライツ社の引伸機を買い込んだという。そのころから写真館の仕事は夫人まかせで、自分はスナップ写真に取り組んだのだった。それを太田に見込まれて花王広告部の嘱託になったのである。のちに〝ライカの木村〟といわれ、スナップ写真を撮らせては神技といわれた木村伊兵衛の歴史は、このとき始まったのであった。

大正以来の写真ブームは社会に定着し、一九三二年にはハイブローな雑誌『光画』が発行された。この雑誌は野島康三（一八八九〜一九六四年）、中山岩太（一八九五〜一九四九年。商業〈広告〉・肖像写真家）、伊奈信男（一八九八〜一九七八年。写真評論家・写真史家）、そして木村伊兵衛らが同人となって、翌年の十二月号まで出されている。これは写真史にも残る高級誌で、中井正一、長谷川如是閑、柳宗悦といった当時の若手文化人が、その時代としては斬新な写真論を執筆していた。木村は毎号作品を発表していたし、原弘も「Typo foto」という題の文章を寄せている。この雑誌の出資者である野島は、自らも写真を撮り画も描き、また画廊や野々宮写真館を経営した。梅原龍三郎など画家のパトロンでもあった。東京麴町に広壮な邸宅を持っていて、そうした同人や執筆者たちを集めて、しばしばパーティなどを開いていた。

このころ野島の慶応義塾大学の後輩である名取洋之助が、四年間のドイツ留学から帰国している。名取は十八歳でヨーロッパに渡り、当時ドイツで最も隆盛を迎えていたグラフ・ジャーナリズムに興味を持ち、その時代すでに部数二百万を誇っていた“Berliner Illustrierte Zeitung”誌の発行元ウルシュタイン社にくいこみ、そこの契約カメラマンになっていた。その帰国は日本取材のためであり、このとき名取はまだ二十二歳だったが、ルポルタージュ・フォトという新しい写真のジャンルを日本に導入すべく意気揚々と帰ってきたのだった。

●野島康三邸における『光画』座談会出席者。前列左から野島康三，衣笠貞之助，長谷川如是閑，板垣鷹穂，遠藤弘。後列左から木村伊兵衛，原弘，岡田桑三，山田肇，伊奈信男。1933年4月21日

●野島邸におけるパーティ。1933年ごろ

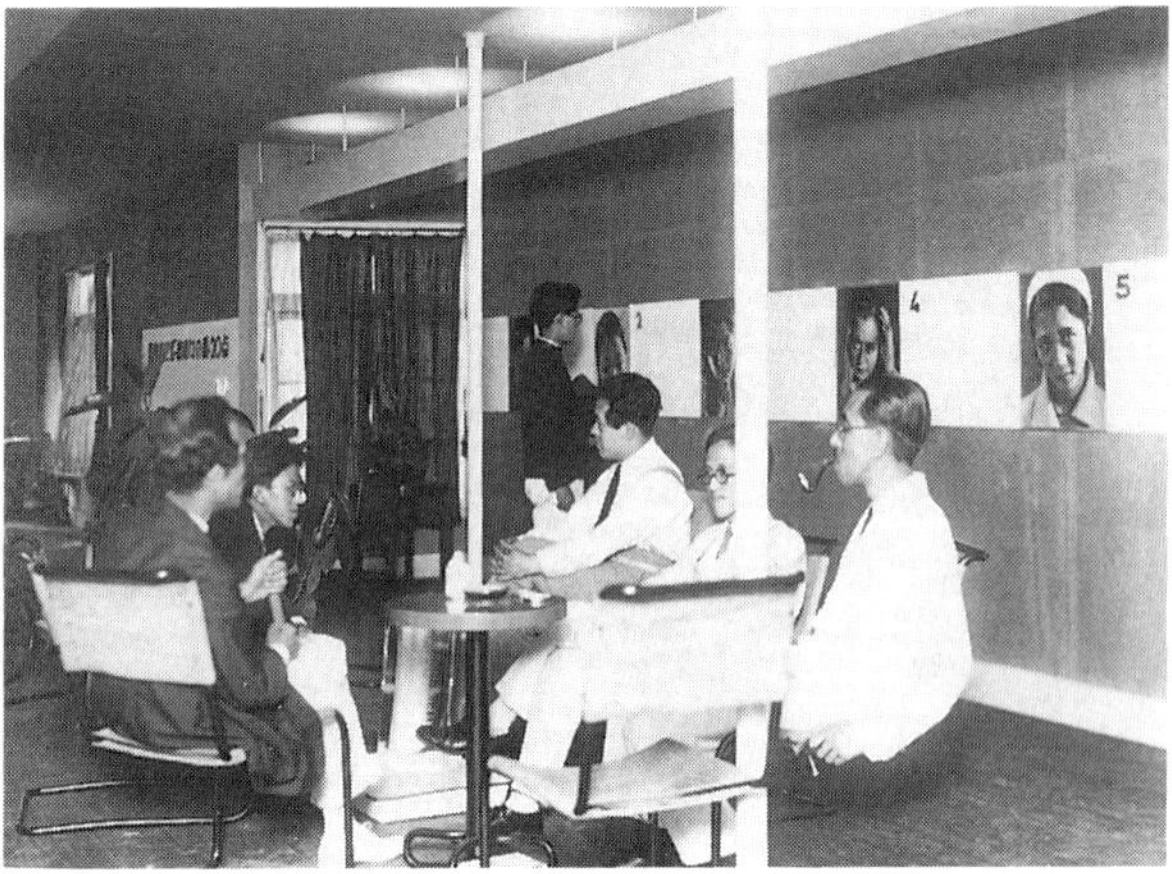

●右から野島，伊奈，木村。野島康三写真展「女の顔20点」会場で。展示構成・原弘。1933年

帰国した名取は『光画』の木村伊兵衛の写真を見て興味を持ち、野島康三の引合わせで木村に会った。のちに東方社を創立する岡田桑三も、このころ野島邸で名取に初めて会っている。こうしてその後の日本で、写真やデザインの世界を改革しリードしていった主要なメンバーが、『光画』を母胎に野島邸において出会ったのである。

日本工房の誕生そして分裂

一九三二（昭和七）年、ドイツでは総選挙でナチスが国会第一党となり、翌年三月には早くもヒトラーが政権を掌握した。帰国していた名取は、ナチスがドイツ国内で外国人が仕事をすることを禁じた法律をつくったことを知り、ドイツに戻ることをあきらめて、日本で写真による海外宣伝の仕事をしたいと考えた。そこで野島康三邸で知りあった伊奈、木村、原、岡田らに相談を持ちかけ、その結果五人が同人になって日本工房を設立することになった。プランナーとして岡田、写真を木村、文筆関係を伊奈、デザインを原が担当することで、一九三三年夏に銀座でスタートしたのであった。

報道写真という言葉は、このときルポルタージュ・フォトを伊奈が訳して使ったのが最初である。しかし直輸入のこうした仕事は、当時の出版や宣伝の世界ではまったく理解されず、一向に注文は来なかった。そこでこの年の十二月、一つのデモンストレーションとして、木村伊兵衛撮影の「ライカによる文芸家肖像展」を、銀座紀伊國屋ギャラリーで開いた。これは当時の文化人三十一人のポートレート五十九点を、光沢紙を使って引き伸ばし展示した。木村の作品は、それまでの肖像写真の常識を破って、人間が表現されているとして大きな反響を巻き起こし、わずか三日間の開催だったが、木村の名は一躍有名になったのだった。モデルになる文化人たちを集めたのは、工房に夜な夜な遊びに来ていた高田保、大宅壮一といったジャーナリストで、ポン引きよろしく銀座の街頭から連れてきたという。

しかし翌一九三四年初めには、日本工房は早くも経済的に行きづまり、経営面を担当させるために名取がドイツから呼びよせたエレーナ夫人と、同人たちの折りあいも悪くなった。まず生産に直接関係ないと見られた岡田と伊奈が除外された。木村と原もそれなら自分たちもと、一年もたたないうちに組織は分裂してしまった。主宰者の名取が他の同人たちより一世代若いうえに、スタッフは個性の強い人ばかりだったから、しっかり者のドイツ女性が加わったことから、いろいろ感情的なくいちがいが起きたのであろう。

名取夫妻はこの後再建のために、太田英茂に相談して宣伝企画業を始めたが、これもうまくいかなかった。さらに秋には鐘ケ淵紡績社長・津田信吾を口説いて、日本文化を海外に紹介する雑誌『NIPPON』を創刊した。これは外務省関係に売り込めて、やっと軌道に乗せることができたという。

『NIPPON』は四六・四倍判、全ページアート紙使用の、今見ても贅沢な雑誌だった。内容も高く、英・独・仏・西（スペイン）の四ヵ国語が入れられており、およそ季刊のテンポで発行された。初期の『NIPPON』のデザインは、太田が紹介した山名文夫《あやお》、河野鷹思、それに熊田五郎、下島正夫らが担当し、写真家には土門拳、藤本四八などがスタッフとして参加している。

中央工房と国際報道写真協会の設立

名取と袂《たもと》を分かって日本工房をやめた四人は、報道写真に対する意見の相違で分裂したわけではなかったから、同じような仕事を続けるべく銀座に事務所をかまえた。これが中央工房で、のちの東方社の母胎となる。

そのときの設立趣意書が手もとにあるが、五月一日の日付（昭和九年であろう）で、同人は伊奈、原、木村に、太田の共同広告事務所時代の社員疋田三郎を加えての四人になっている。制作科目は「広告写真、グラノ写真、記録写真、広告図案、包装図案、書籍装幀、家具室内装飾、陳列宣伝用装置、工芸品」と多彩だが、現実にどれほど仕事があったか疑問である。

推薦者には二十六人の名前が見え、その中には、長谷川如是閑、板垣鷹穂、谷川徹三、林達夫、衣笠貞之助、佐藤春夫、杉山平助、高田保、野島康三、五所平之助、山田耕筰、土岐善麿、大宅壮一、太田英茂、小津安二郎など、その後の各界で名をなした錚々《そうそう》たる顔ぶれが並んでいる（岡田桑三は山内光の俳優名で推薦者の中に入っている）。同人たちが、当時のジャーナリズムや文芸・映画・音楽といった芸術分野の人たちと、幅広い交流のあったことを示して

いる。
原は「私的デザイン彷徨記」という文章の中で、当時を回想して次のように書いている。
「これは木村さんの事務所が主で、ぼくも仕事はしたが、夜な夜な集まる文化人たちと遊ぶことが多かった。まもなくこの事務所のなかに国際報道写真協会が設けられ、ぼくもその一員となって、展覧会や印刷物のデザインをした。三七年にパリで開かれる万国博の日本館（坂倉準三氏設計）に、わが国ではじめての写真大壁画が出品されることになり、国際観光局の委嘱で、ぼくが構成し、木村氏のほか渡辺義雄、小石清氏などによる大モンタージュが作られた。四〇年のニューヨーク博でも、これほど大がかりではなかったが、ぼくは日米修交室の写真壁画をデザインした。そのほか外務省依頼による英文の、

●パリ万博出展の写真壁画（部分）。高さ2.1メートル，左右18メートル。構成・原弘。当時流行していたモンタージュ手法を使い，日本文化を総合的に紹介しようとしたもの

写真を主にした本のデザインを数冊やった。ぼくのエディトリアル・デザインのはじめである」（『日本デザイン小史』／ダヴィッド社）。

その国際報道写真協会は一九三四（昭和九）年八月に創立されている。そのときの趣意書によると、外国通信社と提携して、正当なルートでの写真版権の交流をはかり、内外からの報道写真の取材を引き受け、官公庁や企業からの、宣伝物の編集制作の受注を期待していたようである。会員は木村、原、伊奈に山内光（岡田桑三）、林謙一、光吉夏弥など九名が名を連ねている。ここには「但し木村伊兵衛を以て代表者とする」と記されているが、のちに会長には三浦直介が就任している。

昭和に入ってから民間で国際交流が次第に盛んになっていく一方で、軍と政府は満州を占領して独立

●「南京―上海報道写真展」ポスター。会場構成・ポスター制作ともに原弘。1938年

させ、国際連盟の総会で四十二対一で日本以外のすべての国から撤退勧告を受けて連盟を脱退した。その上既成事実のうえに「満蒙は日本の生命線」と内外に喧伝して、国際的孤立の道を突き進んでいた。さらには一九三七（昭和十二）年には華北や上海に戦火が拡大し、満州事変以来の宣戦布告なき戦争はついに中国全土に広がっていた。

一九四〇（昭和十五）年は当時の国粋主義的な年号、皇紀二六〇〇年にあたるので、国威発揚もかねて、東京でオリンピックや万国博覧会といった、国際的な行事が開かれることになっていた。戦前の日本の出版界や広告デザインの世界は、今のように国際的な視野はあまりなかったから、予定通りにオリンピックや万国博が開催されていれば、以前から海外の情勢を研究していた日本工房や中央工房のメンバーは、こうした国際的事業で存分に腕がふるえるはずであった。しかし現実には、大陸侵略は泥沼的に広がり、アメリカやヨーロッパ各国の非難は高まるばかりで、日本は世界の中で日増しに孤立していった。前年の一九三九年にはヨーロッパで第二次世界大戦が始まり、オリンピックも万国博も、すべてが中止になってしまったのである。

一九三九年ごろからは、戦時色が強くなるにしたがって、次第に出版・報道・宣伝の仕事は政府の統制を受けるようになっていた。政府内部での軍の発言力もますます強くなって、外務省や情報局の管轄であるはずの海外宣伝も、軍の意向抜きには難しくなっていった。すでに名取洋之助の日本工房は、大陸の戦火が上海や広東に拡大していった一九三八年に、現地の派遣軍と結んで『SHANGHAI』、『CANTON』といった、海外での宣伝雑誌を発行していた。中央工房もその年に木村伊兵衛、渡辺義雄両名の写真で「南京—上海報道写真展」を開いている。

一九四〇(昭和十五)年には、近衛内閣による新体制運動が、挙国一致の名のもとに推進され、ほとんどの政党が大政翼賛会に統合されて、名実ともに日本は全体主義の国家体制になった。

2 それは対ソ宣伝計画から始まった

●「陸軍号」表紙。カラー分解・オフセット5色刷

陸軍参謀本部の対ソ宣伝謀略構想

日露戦争以後の日本の国防方針は、時の国際情勢によって変動はあったが、伝統的に陸軍は対露（ソ）戦略重視で、海軍は対米戦を一貫して想定していた。第一次世界大戦中のロシア革命で、一時北方からの軍事的脅威が減ったこともあり、一九二三（大正十二）年の国防方針改定では、仮想敵国は米・支（中国）・露の順位であった。しかし陸軍が満州に進出し、ソ連と長大な国境線で接するようになった一九三六（昭和十一）年の改定で、再び対ソ戦の準備を第一とするようになった。それに呼応して同年八月に陸軍参謀本部第二部（情報担当）内に、従来欧米課の中にあったソ連担当が、班から昇格して第五課（通称・ロシア課）として新設された。また翌三七年十一月には日中戦争の拡大に伴い大本営が設置され、宣伝謀略を担当する第八課が設けられている。

明治の昔から「大日本帝国陸軍」では、神がかり的精神主義が幅をきかし、頭の硬い人間が多いといわれていたが、そうした中で参謀本部はさすがに陸軍の頭脳中枢であり、今ならさしずめ大蔵・通産官僚や大企業に集まるような、逸材が多く集まっていたことは確かである。その中でもロシア課は伝統的に主流派であり、欧米での情報収集という仕事が多かったから、ヨーロッパ各国の駐在武官の経験者も多く、中国担当課などの軍人と比べて、国際的な視野を持っている人が多かったといわれる。

また宣伝謀略を担当する第八課は、その業務の性質上、軍人以外の民間の各分野でのエキスパートを嘱託として抱えていた。それは学者・ジャーナリスト・芸術家といった文化人から、転向した共産主義者までを含んでいた。一九三八年ごろと思われるが、東京九段に「ソビエト研究所」という小さな事務所が開設された。これが通称「九段事務所」と呼ばれる参謀本部の秘密機関であった。ここには東京日日新聞の記者でモスクワ駐在の特派員だった馬場秀夫（戦後に社会党代議士となる）、作曲家山田耕筰のマネジャーだった原善一郎、松竹映画俳優の山内光（岡田桑三）、ニコライ神学校出身の宣教師吉村柳里、国際共産党員で帰国後転向した高谷覚三、勝野金政といった、さまざまな人が出入りしていた。そこではソビエトからの情報を分析整理して対ソ戦に備え、謀略宣伝用のポスターやビラの研究制作をやっていたのである。

一九三八（昭和十三）年六月に、ウラジオストク近くの沿海州と満州との国境を突破して、ソ連の高級将校が満州国に単身亡命してきた事件があった。リュシコノという当時三十五歳の三等大将で、ゲー・ペー・ウー（国家保安部）の後身である内務人民委員部極東地方長官という大物だった。これを京城（現・ソウル）の朝鮮軍司令部から参謀本部第五課が引き取り、さらに第八課が身柄を引き受けて、主として九段事務所でソ連の情勢分析をやらせることになった。当時のソ連はスターリンの「血の粛清」といわれた独裁政治が強行されていたときで、リュシコフはスターリンに信頼されてその当事者でもあったが、やがてその粛清の手が我が身に回ってきそうになったので、亡命を決意したのであった。

しかし日本に逃げてきても安住できるところはなく、軍の手で軟禁されたまま、対ソ戦略の分析や謀略に使われていた。一九四五（昭和二十）年に参謀本部の謀略担当課が廃止され、対ソ情報関係の仕事が満州の関東軍に移されるまで、九段事務所でリュシコフとつきあった勝野金政は、その著『凍土地帯』（吾妻書房）の中で、リュシコフの運命について次のように書いている。

「間もなくリュシコフは参謀本部から関東軍に送りかえされ、ソ連が参戦してから、大連あたりで姿を消してしまったという。その後その辺の事情にくわしかった浅田大佐に聞いてみると、多分日頃彼を疑っていた関東軍旧派の人たちに殺されてしまったのだろうとのことだった」

亡命以来、日本軍に利用され続けたリュシコフは、ソ連軍が大連に侵入してきた八月二十日、関東軍特務機関の手によって射殺されていたことが、戦後日本のジャーナリズムの調査でわかった。国家や軍隊の非情な謀略活動の一端である。

ソ連から帰国の勝野金政、参謀本部嘱託に

九段事務所にいた勝野金政は、東方社創立にもかかわった人物で、参謀本部嘱託の身分のまま、一九四三（昭和十八）年ごろまで東方社に顔を出していた。

勝野は長野県木曾の材木商を営む永井家の長男として、一九〇一（明治三十四）年に生まれた。両親が離婚したことから母親の実家に引きとられ、勝野姓を名乗ることになった。島崎藤村の出た島崎家とも親しく、彼が早稲田大学の文科に在学中、フランスから帰った藤村から外国留学をすすめられ、一九二四（大正十三）年にフランスに向けて旅立った。

勝野金政がパリに留学していた一九二四―二五年は、フランス政界は急進社会党が左翼連盟の中核となって内閣を組織していた時代である。左翼が勢いづいていたパリで、文学青年であった彼は、当時のインテリ青年の理想主義から、フランス共産党に入党した。勝野のパ

り生活は三年半だったが、この間日本もヨーロッパも政治的に左右の勢力が激突して、激しく揺れ動いていた時代である。

当時フランス知識階級にはトロツキストが多かったが、スターリンとの権力抗争に敗れたトロツキーの失脚と同時に、フランス共産党の中でも両派は抗争し、トロツキストは次々に除名されていった。そうした左翼陣営の内部抗争に乗じて、官憲の反撃は厳しく、一九二八年初め、勝野も「好ましからざる外国人」としてフランスの警察に逮捕された。

即時国外退去を命じられた彼は、まずドイツに行き、ベルリンの共産党本部で、日本の左翼陣営から派遣されていた、千田是也、与謝野譲太郎（鉄幹の甥）らに会い、そこの人たちの奔走で、ソ連入国の許可をもらい、三月、革命の本拠地モスクワに入った。春の遅い市街はまだ一面の雪に埋もれていた。革命後十年はたっていたが、モスクワは荒廃したままで、泥棒、スリが横行し、街頭には売春婦の姿も見られ、革命の成果は前途遼遠のように思われたという。

モスクワには片山潜が住んでいた。勝野は片山の庇護のもとで、党籍をフランス共産党からソビエト共産党に移しかえ、東方学院という外語大学で日本語と歴史を教えることになった。しかし、このころスターリンは自分の進める第一次五ヵ年計画に反対する政敵を、左派右派を問わず逮捕追放していた。その手先がゲー・ペー・ウーである。

一九三〇（昭和五）年十月、勝野はゲー・ペー・ウーに突然逮捕される。罪状は身に覚えのない「外国国家と関係のあるスパイ」だという。この秘密警察組織には裁判はなく、一方的に尋問され罪状が決定する。勝野は否認したまま五年の刑を受け、各地のラーゲリ（強制労働所）を転々とする。この間の情況は彼の著書『凍土地帯』にくわしい。

一九三四年六月、刑期が三年半に短縮されて釈放されることになった。スターリン治下のソ連の実情を身をもって体験した彼は、権力者スターリンとそれに追随する党組織や、警察役人に不信と憎悪心を抱いて、一刻も早くこのソ連を離れたかったのであろう、すきを見てモスクワの日本大使公邸に逃げこみ大使館に収容された。ここでの地下室暮らしが一ヵ月半、その間に大使館書記官らがソ連政府と交渉して、ようやくパスポートが発行され、シベリア経由で帰国できることになった。

東京に着いた勝野金政は、警視庁の指示で駅に待ちかまえる新聞記者を避けて新橋で下車、水上警察署に留置された。特高の取調べは厳しく、三ヵ月半にわたったが、結局証拠不十分ということで起訴猶予となり、釈放されることになった。しかし「釈放といっても私を百パーセント信用したわけでなく、まず一度外に出して、何をやるか様子を見てやろうという腹だったらしい」と彼はその自伝で書いている。

その後勝野はあちこちの出版社や新聞社に依頼されて、見聞したソビエトの実情を書いた。そのうちの『コミンテルンの歴史と現勢』という本は発禁になったが、のちに思想関係検事の教科書として警視庁が買いあげたという。

一九三七年、参謀本部のロシア担当課長の土居明夫大佐に呼ばれて、対ソ宣伝に意見を求められた。そのとき勝野は「対ソ宣伝工作ではコミュニズムに対してではなく、スターリンの施政に批判を向けるべきである」という意見書を提出した。

ソ連帰りの元国際共産党員を抱えこむことには、参謀本部内部でも危惧の念を持つ者も多かったが、土居大佐は自分の責任において転向者勝野金政を参謀本部嘱託にした。こうして彼は対ソ宣伝謀略に従事することになったのである。

岡田桑三、東方社設立に動く

野島邸での出会い以後、日本工房、中央工房と、木村伊兵衛や原弘と行動を共にしてきた岡田桑三は、原や木村と同世代の人で、一九〇三（明治三十六）年六月、日露戦争の前年に横浜で生まれた。彼は一九二〇（大正九）年ごろ、森戸辰男夫妻を頼ってドイツに留学している。もともと画家志望であったのでベルリンの美術工芸学校に入学したが、ここで演劇や舞台装置に興味を持った。また、のちにプロキノ（プロレタリア映画連盟）などに関係する下地は、このとき森戸や当時朝日新聞のベルリン特派員だった黒田禮二の影響を受けたと思われる。黒田は在欧左翼日本人の中心的な存在で本名を岡上《おかのうえ》守道といった。ここで岡田は村山知義などの左翼演劇関係者と交渉を持つことになる。

関東大震災で実家が打撃を受け学資も途絶えがちになったので、帰国してドイツで覚えた舞台美術や映画演出を日本で試すべく、一九二四（大正十三）年暮に横浜の港に戻った。延期していた徴兵検査の結果は甲種合格だったが、親のつてをたどって病気を理由に兵役免除となり入隊していた台湾から内地に戻れた。この頃はまだ東京の撮影所は震災被害から立ちなおっていなかったので、まず京都の日活撮影所を訪ねた。岡田は長身で日本人ばなれした風貌だったから、ここで俳優になることをすすめられて「山内光」の芸名でデビューしたのが、岡田が映画の世界に入るきっかけとなった。

一九二八（昭和三）年に東京の松竹蒲田撮影所に移り、ここの俳優部に所属して、映画が無声映画からトーキーに替わるころの約十年間、映画俳優として多くの映画に出演した。岡田がその後の仕事の中で著名な映画監督などを推薦人に集められたのは、この時代に作り上げた人脈であった。

しかし彼は映画俳優だけで納まっている人ではなく、一九二九(昭和四)年に再びベルリンとモスクワに、新しい演劇映画の研究のために出かけている。そのとき写真表現や、それを取りこんだ出版物や宣伝物の、斬新な表現にも興味を抱いて、多くの資料を持ち帰った。帰国後、村山知義らとともに、「国際光画協会」をつくり、「写真と映画と印刷とにおいて、光画独自の境地を開拓することを目的として」ヨーロッパの新しい写真の紹介と啓蒙に力を入れる。一九二九年二月、新宿紀伊國屋書店において第一回の展覧会を開き、つづいて四月に第二回展を東京朝日新聞社で開催した。持ち帰った記録写真、科学写真、商業写真、肖像写真、ポスターなどの印刷物、映画のスチールなどを展示して、海外の新興芸術運動を紹介したのだった。

こうした仕事の中で、岡田の功績の最も大きなものは、一九三一年四月に朝日新聞主催で同社で開かれた「ドイツ国際移動写真展」である。「映画・写真展」(Film und Foto Ausstellung—ドイツ工作連盟主催・バウハウス協力)をドイツ滞在中に見た岡田が、その一部が移動展として各国を回っているのを知って、朝日新聞社の企画部に持ち込んだのであった。この写真展を見た木村伊兵衛は、「これを見ることができて、古い写真に対する執着や、新しい写真への疑問が一掃された」と後にその著作『木村伊兵衛傑作写真集』（朝日新聞社）の中で書いている。この展覧会が当時の新しい表現を模索していた若者たちに、大きな影響を与えたことは確かである。

岡田はまた映画界では月形竜之介とともに、左翼シンパであることが公然と知られていた。だから、革命後のソ連の芸術運動に興味を持ち、ちょうどそのころソ連が第一次五ヵ年計画の成果を国の内外に誇示するために、一九三一（昭和六）年から刊行しはじめた“USSR in construction”誌（以下“USSR”）にも興味を持って、その研究に取り組んでいたのだった。

“USSR”は国家宣伝雑誌だったから、世界各国に数多くバラまかれ、参謀本部のロシア課の将校たちも、当然これに強い関心を持っていた。一九三九年、当時第五課長だった山岡道武大佐は、九段事務所の馬場秀夫を通じて、こうした国家的規模のグラフ誌が日本で

● “USSR” 1935年1月号表紙

●"USSR" 1935年1月号より。大型旅客機〝Maxim Gorki〟号完成祝賀パレードの場面。人物はスターリンとゴーリキー。巨大な飛行機が，スターリンの強力な権力を暗示するかのようにモンタージュされている。グラビア2色刷

●人物の多くは空を見上げるアングルで撮影され，明るさ，強さなどを表現している

出せないものかと岡田に打診した。日本陸軍の関東軍が、ソ満国境の張鼓峰やノモンハンでソ連軍と紛争を起こし、戦車や航空機などの近代兵器で相手に劣っていたことに衝撃を受けていたころであった。だから満州国内や外国に対して、威信を回復するためにも、“USSR”のような力強い宣伝物が欲しかったのであろう。

また、のちに東方社の写真部暗室主任として、一九四三（昭和十八）年に召集されるまで在職した風野晴男も、このころ義理の従兄弟にあたる小野寺信中佐から、宣伝雑誌の発行について相談を受けたといっている。小野寺中佐は一九四〇年十月にスウェーデン公使館付武官として派遣されるまで、ロシア課に協力して当時の日中関係の解決のため、国民政府との和解に奔走していた。また宣伝担当の第八課長臼井茂樹大佐とも陸軍士官学校時代同期であったから、参謀本部のそうした意向をよく知っていたのであろう。

打診を受けた岡田は、まず勝野と相談して構想を練り、中央工房のスタッフの協力を得て企画を進めた。またロシア課だけでなく、参謀総長・閑院宮載仁元帥以下、全幹部幕僚に対してもPRするために、大型のポスターを制作してデモンストレーションをかけることになった。このポスターは反スターリン宣伝を目的にしたもので、ロシア課の資料の中からレーニンの肖像写真を借り出し、木村が複製を担当し、勝野が文章を書いて、原がデザインした

という。この事実を初めて聞いたのは、私が岡田とともに病床の原を見舞ったときだったが、

「原さん、あれは今の人に見せても立派なものでしたね、ロシア文字がなかったので原さんが徹夜で全部手書きして……」

「そう、レーニンの言葉を借りてスターリン批判をした、四六全倍判の色刷ポスターでしたね。たしか光村印刷で製版した……」

と当時を思い出して二人はなつかしそうだった。

これが完成して他の資料とともに、参謀本部内で展示会を開いたのは一九四〇（昭和十五）年の十一月であった。しかし参謀総長はその前月に、老齢の宮様から杉山元大将に代わっていて、参謀次長の塚田攻中将をはじめ、参謀・幕僚たちが見に来たという。

太平洋戦争勃発一年前、陸軍はさらに厳しい臨戦態勢に入っていたのだった。

東方社の誕生と幹部の人びと

そのころから岡田の海外宣伝機関設立の構想は次第に固まっていった。しかし“USSR”の日本版といっても、さまざまな条件が満たされなくては実現不可能である。

まず写真やデザイン面の制作スタッフは、海外宣伝の実績を積んでいる中央工房のメンバーを中心に、戦時体制になって民間の職場を失っている技術者が多かったから、比較的集めやすいと思われた。編集や翻訳のベテランは、中央工房時代の協力者や知人のつてで、大学関係や研究所から集められるであろう。ビルマ語とかタイ語といった、まだ日本人の研究者が少ない地域の言葉は、そのころ大東亜共栄圏といっていた、東南アジアから東京に留学している学生にも、協力を依頼することになった。

用紙・印刷の資材は、すでに米・英やドイツからの輸入物資が止まっていたから、一九四〇（昭和十五）年ごろから急速に不足してきて、政府の統制が強化され、民間ではほとんど自由にならなかった。しかし軍の名で特需物資として出してもらうことは可能だ。民間の仕事が減っていることもあって、洋紙メーカーの最大手王子製紙も、ポスターを試作した光村印刷や、凸版印刷など大手印刷会社も協力させてくれといってきている。

だが、なんといっても最大の難関は資金である。世界に出して恥ずかしくない印刷物をつくるとなると、当面のカネだけでも四十万円は必要だ。参謀本部には二年度以降は毎年三十万円として、五年間の総予算百六十万という見積りを提出したのだが、参謀本部の上層部からは、軍にはこうした予算はないから、そちらで適当に工面してくれと、最初から冷たく釘をさされたのだった。そこで第八課の矢部忠太中佐の助言もあり、財閥からの援助・寄付に頼ることになった。軍事予算で儲けている財閥企業は、軍からの要請には弱い。まず文化的事業に理解があるといわれていた、三井家の当主、三井高陽に話をつけ、三井財閥の大番頭である星野靖之介が中心になって奔走した。最終的には三井だけではまずかろうということになって、三菱（三好征通）、住友（小倉正恒）も参加して、各十五万ずつ計四十五万円が、創立資金として新会社に入ることになった（当時の物価を現在と比較すると約三〇〇〇倍）。

裏話として岡田から聞いたところでは、三井の星野は矢部中佐に対して、資金提出の見かえりとして、翼賛議員立候補の後援を依頼したという。そのためか、星野は一九四二年の第二十一回帝国議会総選挙のとき、北海道で立候補、衆議院議員に初当選している。

東方社の正式な創立日は、確認できる書類は残っていないが、一九四一（昭和十六）年の三月から四月の間だったと思われる。誰の命名か不明だが、社名は中国語で日本を意味する「東方」を使い、マークは原弘が亜細亜《アジア》の亜の字からデザインしたという。当時の国家的な合い言葉であった、大東亜共栄圏が意識にあったことは間違いない。

社屋は前に述べた東京市小石川区金富町四七番地、市電の伝通院停留所から二、三分のところにあった。山の手の高台に建っている、なんの変哲もない大正期の洋館である。表通りからは車も入れない小路に面していた。風野晴男は憲兵隊が接収したと話しているが、軍といえども日米開戦前の一九四一年当時は、まだそんな強引なことはできなかった。二百二十

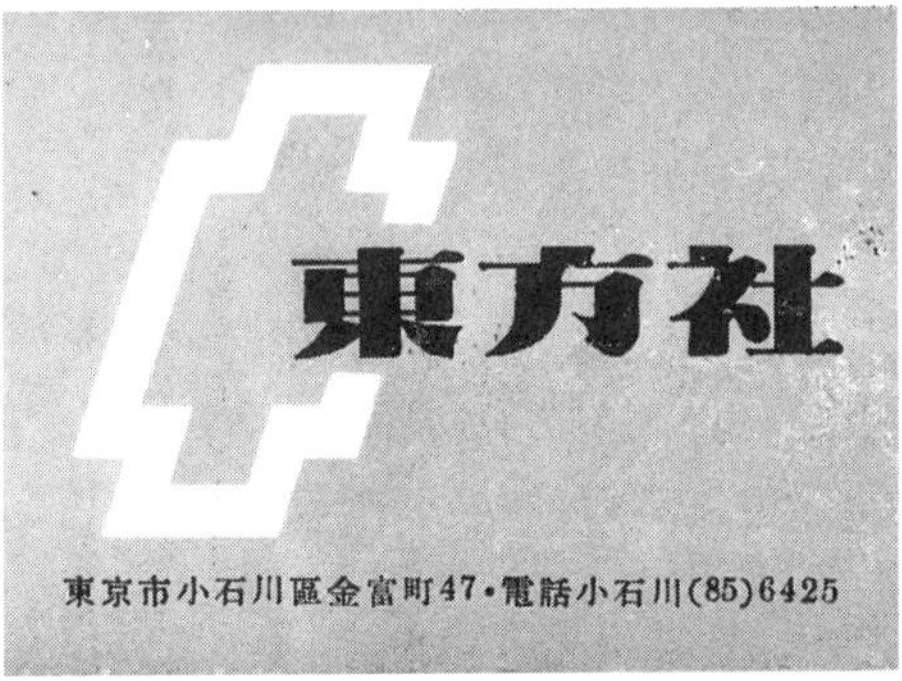

●東方社のマークと社名ロゴタイプ。原弘デザインの発送用ラベルより

●東方社金富町社屋。木造洋風3階建て。正面から撮影

二坪の土地ぐるみ十一万円で岡田が購入したのである。岡田は東方社を始めるにあたって、長年勤めた松竹映画をやめた。そしてその退職金は全部設立資金に投入したといっている。

東方社は法的にどういう組織であったか、当時も今も判然としない部分が多いのだが、岡田から聞いたところでは財団法人にすると、管轄が外務省か文部省になるので、岡田個人の会社ということにしたという。したがって金富町の土地などの資産は、終戦時まで岡田名義になっていた。

東方社の美術部長だった原弘は、一九八六（昭和六十一）年三月、十年余の闘病生活の甲斐なく亡くなったが、その二、三年前から膨大なデザイン関係の蔵書と、彼の装幀作品を、三島にある特種製紙株式会社に新設する、原文庫に収めるべく整理を始めていた。そのとき書棚の隅から『東方社業務計画』と表記されたパンフレットが出てきた。これには創立当時の中心幹部の名前と、画報創刊の趣意書、そして二年間の詳細な刊行計画書が載っている。

これによると理事制をとっており、理事長に岡田桑三、理事には林達夫、岡正雄、岩村忍、小幡操、常務理事に鈴木清、監事として杉原二郎の名前が並び、別格に写真部主任木村伊兵衛、美術部主任原弘が並んでいる。また企画編集スタッフとして、岩村、林、原、岡、岡田、

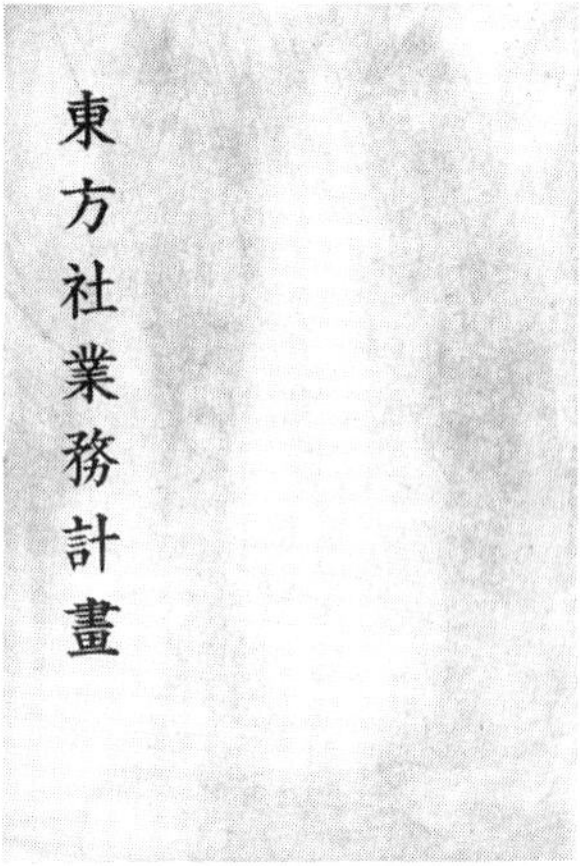

●『東方社業務計画』表紙。1941年

小幡、木村、鈴木のほか、春山行夫、田村清吉の名前も載っている。

創立当初と私が入社した翌年一月以降では、幹部にも若干の変更があったのか、そのころ二階の編集部に常時顔を出していた顔ぶれは、岡田、林、小幡、田村、それに原、木村の六人で、杉原二郎は総務部長として一階の部屋にいることが多かった。個性の強い変わった人たちの中でも、時々顔を出していた春山行夫は特に茫洋とした感じで、ある日私に向かって、「君はボヘミアンだね」と唐突にいった。少年の私にはそれがどういう意味か、この人が何をやっている人なのか、まったく見当がつかなかったが、あとで勉さんが彼は詩人だと教えてくれた。

田村清吉は企画と同時にロシア語の翻訳も担当していた。『FRONT』のロシア語版の出張校正のとき、小石川から市電を乗りついで板橋志村の工場まで、一緒によく出かけたものだった。学者には見えない朴訥《ぼくとつ》なロシアの農民を思わせる風貌だった。

理事の林達夫は一八九六（明治二十九）年生まれ、外交官だった父・林曾登吉とともに幼少期をシアトルで過ごした。京都一中・一高・京都帝国大学哲学科という秀才コースを歩んで、美学と美術史を専攻し、雑誌『思想』、グラフ雑誌『ソヴィエート友の会』などの編集にもたずさわり、一九三三（昭和八）年に日本工房の顧問として同人になった。理事の中でも、最も学者らしいタイプの人だったが、若いうちからジャーナリズムにも興味を持ち、多くのジャーナリストと交流があった。日本工房や中央工房にも早くから出入りして、そこの同人たちと親密であった。その関係から東方社設立のとき理事に加わったのであろう。理事の中では最年長の四十五歳であった。戦後は平凡社の『世界大百科事典』の編集長をつとめた。

岡正雄は林より二歳年下の民族学者で、一八九八（明治三十一）年生まれ、東京帝国大学を卒業後ウィーン大学で民族学を学び、のち同大学の客員教授になっていたが、一九四一（昭和十六）年帰国、文部省民族研究所に入っていた。戦後は日本民族学会理事長をつとめ、日本民族の起源に独自の体系を築いた。明治大学教授だったときに、アラスカ学術調査団団長として、北極エスキモーの調査取材を行った。その成果は平凡社の『太陽』創刊号に特集として巻頭を飾っている。

岩村忍も民族学者で、一九〇五（明治三十八）年生まれ、オタワ大学、トロント大学に学び、東アジアの回教徒社会の研究を行っていた。岡と同じころ文部省民族研究所に入所している。戦後は京大教授になり、中央アジアのモンゴル研究では世界的に注目を浴びた。

小幡操は一九〇二（明治三十五）年生まれ、慶応義塾大学出身経済学専攻、一九三七（昭和十二）年から四〇年まで、ロンドン大学と大英博物館付属図書室でイギリスの経済学と政治学を研究して、東方社創立の前年に帰国した英国通であった。英国仕込みのせいか姿勢がよく、いつも背筋を伸ばしていて、年少社員に対しても言葉づかいがていねいだった。戦後は朝日新聞社に入社、論説委員として活躍した人である。

鈴木清は日映（日本映画社）関係の人で、岡田が連れてきたと思われる。設立趣意書では常務理事となっているが、開戦とともに映画のほうが忙しくなったせいか、私が入った一九四二（昭和十七）年以降は、理事会以外にはあまり顔を出していなかったようだ。

総務担当の杉原二郎は、かつて商工会議所会頭をつとめたことのある財界人・杉原栄三郎の子息で、杉原家は明治時代から事業の拠点を上海に築いていたという。

月刊写真画報『東亜建設』の発行計画

「今日　世界未曾有の難局に際して宣伝が益々重要さを加へてゐることは各国共鎬《しのぎ》を削つて日夜工夫発明に力め　その技術的方法が全く面目を一新してしまつた事実からも明瞭だと存じます　就中宣伝に於ける写真の地位は単に従来の如く新聞　雑誌　ポスター等に応用されてゐた範囲を超えて　全然異つた視覚から見直さねばならない程主導的になつて参りました　我が東方社は国際的なこの宣伝の新しい段階によつて促された宣伝のための写真技術の総合的研究　並にそれに基づく新しい対外宣伝のための写真画報の刊行を使命として茲《ここ》に生れました　その企画するところは　在来の雑多な主題による思ひつき的な扱ひ方を極力避け　左記計画書にもあります通り特定の主題に重点を置いて最新最高の技法によつてそれを最も有効に実現しようとするのであります　そのために宣伝を目差す国々の実情とその国語に即することによつて宣伝効果を一層強大且つ恒久的に発揮しようと心懸けてゐることは申すまでもありません

斯くの如き意図により　世界的大転換期に躍進する帝国の真姿を中外に宣揚せんとする本社の事業は　関係各方面の絶大な御支援なくしては到底その所期の目的を達成し得べくもないのであります

茲に本社の設立に際し写真報国に微力を尽さんとする我々の意あるところを一言申上げ

ると共に大方の御援助を希ふ次第であります
昭和十六年五月二十一日
東方社」

以上は『東方社業務計画』に載っていた趣意書である。誰が起草したものかわからないが、大時代的な言いまわしの中に、このころの国家主義的な世相に対しての配慮と、国際的に通用する宣伝技術を持っている自負が、入りまじっているのが読みとれる。また日本工房を意識してか、『NIPPON』の編集方針を言外に批判しながら、テーマ特集主義を強調している。

趣意書の次のページには「月刊写真画報発行」と題して、創立当時に計画された雑誌の仕様と、予定テーマが記されている。

誌　名　「東亜建設」誌名は各国語版毎に適訳す
寸　法　標準規格A3（縦四二〇粍《ミリ》　横二九七粍）
頁　数　普通号　表紙共　三六頁
　　　　特別号　表紙共　六八頁

版　式　表　紙　天然色写真オフセット刷　或は
　　　　　　　　多色グラビア刷
　　　　本　文　天然色写真オフセット刷　単色
　　　　　　　　或は二色グラビア刷
各国語版　必要に応じ逐次増強補充するも当面――文・蒙・安・泰・馬・亜・独・英・
　　　　　仏・西・葡・露を予定す
創刊時期　皇紀二千六百一年　明治節（一九四一年十一月三日）

第一年度予定主題

創刊号　産業戦士（編集草案参照）
第二号　高等専門教育（編集草案参照）
第三号　東亜共栄圏を結ぶ交通
第四号　日本海軍（共栄圏海の護り）
第五号　少国民の生活
第六号　日本陸軍（共栄圏陸の護り）

第七号　農業
第八号　駐日留学生
第九号　朝鮮・台湾
第十号　働く日本女性
第十一号　満州国
第十二号　東亜共栄圏

第二年度予定主題
躍進日本
米（こめ）文化
スポーツ
宗教生活
水力電気文化
日本の風土
輸出工業

学術探検
出版文化
水産日本
首都東京
日本文化

創刊号「産業戦士」編集草案

要　旨　産業戦士の活動を通じ　東亜建設の先達としての日本の底力　高度な近代的産業施設の様相を力強く如実に表現する
発刊之辞　「東亜建設」の使命（挿込形式による）
表紙ノ一　国旗を掲げる逞しい産業戦士を前景とする工場地帯の遠望
表紙ノ二　「産業戦士」号解説（現代日本の総合的国力を表徴する重要産業を産業戦士との有機的関連において解説する）
本　文
第一頁　出勤（早朝　産業戦士群の職場への出動）

第二頁　製鉄（熔鉱炉作業）
第三頁　機械製作
第四頁　車輛製作（機関車吊上げ作業）
第五頁　造船（大規模な屋外作業）
第六頁　A製図　B青少年工の教育（モーター或は模型を囲んでの授業）
第七頁　飛行機製作（多数機体の並ぶ大規模工場に於ける作業）
第八頁　鉱山地区外景（日立鉱山或は足尾銅山）
第九頁　電気帽を冠つた労働者の黒い逞しい顔
第一〇頁　水力発電所
第一一頁　電機器具製作（女）或は「ダム」建設工事
第一二頁　自動車製作（男或は女）
第一三頁　精密機械製作（女）
（註一　尚第二頁―第一三頁の間に加へ得る「場面」として石油工業　石炭液化等あり）
第一四頁　A大食堂に於ける中食　Bバスケット・ボール
第一五頁　A工場音楽　B工場体操

第一六頁―第一七頁（見開き）　大工場（成可くは兵器工廠）に於いて訓示を聴く画面全面の
　　　　　　　　産業戦士
第一八頁　硝子工業
第一九頁　光学機械
第二〇頁　紡績
第二一頁　A製糸　B織物
第二二頁　製紙
第二三頁　A印刷　B図書室にて学ぶ青少年工
第二四頁　医療機械製作
第二五頁　製薬（女）
第二六頁　煙草製造（女）
第二七頁　醸造（日本酒或は麦酒）
第二八頁―第二九頁　成年産業戦士の家庭的団欒　観劇　旅行等
第三〇頁―第三一頁　青少年工の各種スポーツと娯楽
第三二頁　記念日に於ける行進（靖国神社参拝）

表紙ノ三　　産業戦士の言葉（健康明朗な産業戦士の顔と共に）

（註一　尚第一八頁―第二七頁の間に加へ得る「場面」として製粉　製糖　缶詰製造　製菓等あり）

第二号「高等専門教育」編集草案

表紙ノ一　　本号の内容に相応せる図案

表紙ノ二　　下―群山を圧して聳え立つ雄峰を中央にして　左右に連る美しき山脈（写真）

上―日本を中心に世界に於ける指導的国家（独伊蘇英米）の一定人口数に対する大学数の比例図（グラフ）昭和十六年度に於ける我国大学数（綜合単科合計）と全国人口数を添ふ

キヤプシヨン―要旨「世界的な山国だと見られてゐる日本に　かゝる文化の高峰が聳立する事実は　果して単なる『東洋の謎』の一つに過ぎないであらうか」

第一頁―第三頁（背景）―全面に　堂々たる我国の大学校舎（ハーフ・トーン）（前景）―校門から社会に巣立ち行く卒業生の流れ　昭和十六年度に於ける我国大学高校高専校数　在学生数及び卒業生を添ふ

キャプシコンー要旨　「日本では毎年十七万人以上の人々が高等教育を受け　五万人以上の高等教育を受けた人々が社会に送り出される」

第四頁ー第五頁　背景（上）ー我国における一流の大学高専　高校の校舎をよき風景と共に整列させる（ハーフ・トーン）　背景（左下から右上へ）ー我国における大学高専　高校の分布並にその数を示す浮彫り風の地図（図案）　前景（右下から左下へ）ー真摯なる受験生の群れ　最近十年間に於ける大学　高専　高校の受験者数を示す

キャプシヨンー要旨　「日本では高等教育が普通教育化しつゝある」

第六頁　日本最古のアカデミイ（叡山学林）幽邃なる環境と共に　大学令を配すーー（キャプシヨン付）

第七頁　最も近代的な容姿を具ふる大学校舎　テニスのプレイを配すーー（キャプシヨン付）

第八頁ー第九頁　綜合人学の鳥瞰的全景（東大）

第一〇頁ー第一一頁　中央ー共栄圏諸国の学生が嬉々として我国学生と肩を列べて通学する　左上ー男の学生の通学風景　右上ー女の学生の通学風景

第一二頁—第一三頁　大講堂における総長の訓辞（東大）　スポーツ　生活を配す
第一四頁—第一五頁　——教室内の授業——
　左—女（女高師）　右—共栄圏諸国の学生（一高特別予科）　校舎　スポーツ
　生活を配す
第一六頁—第一七頁　——教室内の授業——
　下—男（文理大）　上—女（女子大）　左—セミナール（著名学者指導の哲学科—東大）　校舎　スポーツ　生活を配す
第一八頁—第一九頁　——実習風景——
　右上—女（女子医専）　左下—男（東大に於ける解剖）　スポーツ　生活を配す
第二〇頁—第二一頁　——実習風景——
　右上—女（女子薬専）　左上—女（女子歯専）　スポーツ　生活を配す　下—男（東京歯専）
第二二頁—第二三頁　——図書館・博物館——
　下—著名な図書館（五）　生活を配す　上—帝室博物館
第二四頁—第二五頁　——特殊研究——

背景―研究所　前景―研究室　右―天文の研究（京大）　指導的教授　生活を配す　左―地球物理学の研究

第二六頁―第二七頁　――特殊研究――

背景―研究所　前景―研究室　左上―地震の研究（東大）　右上―日蝕の研究（京大）　指導的教授　生活を配す　下―高周波の研究

第二八頁―第二九頁　――特殊研究――

背景―研究所　前景―研究室　左上―特殊化学の実験（武高）　中上―鉄の研究（東北大）　右―サイクロトロン（理研）　指導的教授　生活を配す　左下―風洞（航研）　右下―特殊工学の研究（工業大）

第三〇頁―第三一頁　――特殊研究――

上―オシログラフ（外語）　左―カロリメーター（栄養研）　中―伝染病研究所（伝研）　指導的教授　生活を配す　左上―航空研究（東大）　右上―染色体の研究（京大）

第三二頁―第三三頁　――スポーツ――

中央―野球（真上からの鳥瞰）　右肩―棒高飛　上中―百米のダッシュ　左肩―

水泳（飛込）　左下―籠球（シュート）　右下―槍投
第三四頁―第三五頁　――産業教育――
左上―林業（現地教育）　左下―蚕糸（高等蚕糸）　右下―牧畜（北大）　右上―
獣医学校
第三六頁―第三七頁　――産業教育――
左―鉱業（足尾鉱山専門）　右下―商船（商船学校）　右上―水産（白浜実験所
琵琶湖実験所―淡水）
第三八頁―第三九頁　――産業教育――
左上―通信（高等無線）　左下―造船（東大造船科）　中―土木建築（校外実習―
道路実測）　右―鉄道（鉄道学校）
第四〇頁―第四一頁　――外地に於ける高等教育――
背景―外地特有の美しい風俗　風景　前景―朝鮮の大学　台湾の大学　生活
を配す
キャプシヨン―要旨「日本の大学は総て東亜の民族のために開放せられ
てゐるのみでなく外地の高等教育化が積極的に実施されてゐる」

第四二頁―第四三頁　―東亜共栄圏に関する科学的研究―
　左―氷結の研究（北大）　中―東方文化の研究（京都東方文化学院）　生活を配す
　右―亜熱帯地方の研究（台北大）
第四四頁―第四五頁　東亜共栄圏の建設に献身する指導的学徒　研究所を配す
第四六頁―第四七頁　―東亜共栄圏に関する科学的研究―
　左―東方文化の研究（京都東方文化学院）　中―民族の研究　右―熱帯植物の研
　究（移川研究所）　生活を配す
第四八頁―第四九頁　――哲学する学校と宗教学校――
　高野山大学　永平寺学寮　叡山　神宮皇学館　生活を配す　国学院大学　上
　智大学　立教大学
第五〇頁―第五一頁　――陸海軍諸学校――
　左―陸軍　右―海軍　生活を配す
第五二頁―第五三頁　左―女（女子工芸）　右―男（美術学校）　上―女（女子体専）　下―男
　（日本体専）
第五四頁―第五五頁　オーケストラを伴奏とする男女合同大合唱（音楽学校）

第五六頁—第五七頁　校外に於ける学生生活（特に共栄圏学生を配す）
第五八頁—第五九頁　指導的学者を中心とする共栄圏学生の集ひ
第六〇頁—第六一頁　鍛錬する学生
第六二頁—第六三頁　国策に協力する学生（男及び女）
　　　　　註「国策に協力する学生」の頁を更に増すことも考慮す
第六四頁　　我国の学生を中心とする共栄圏学生の各国々旗をかゝげての　大東亜建設への行進
表紙ノ三　　国民学校教育を基礎とする中等教育　大学教育への逞しき教育塔（グラフ）
　　　　　　教育統計数字特に国民学校　女子中等学校就学率を強調——を添ふ

東　方　社
東京市小石川区金富町四七
電話小石川(85)六四二五番

創立当時のこの企画書を見ると、並んでいるテーマは『NIPPON』や外務省関係の、日本紹介の宣伝物と大筋で変わりはなく、東洋の遅れている国と見られている日本の、文明国としての姿や国際的な立場を、各国の人びとに理解してもらうことを主眼にしたものであった。しかしその頃の現実は、十年来の陸軍による大陸侵略や、ヨーロッパの異端者ヒトラーやムッソリーニと同盟を結んで、世界秩序破壊の方向に向かっている政策で、日本の国際的孤立を加速させていたのである。

東方社創立の一九四一（昭和十六）年春、太平洋と東南アジアの情勢は険悪化の一途をたどっていたのであった。

3 日米開戦前夜、写真取材始まる

●「満州国建設号」表紙。満州国向けは別表紙。オフセット４色刷

バスに乗り遅れるな――戦時体制下の宣伝技術者たち

太平洋戦争勃発前の二年間、つまり一九四〇（昭和十五）年から四一年にかけては、日本の社会は激動の嵐に見舞われていた。ソビエトの社会主義国家建設が軌道に乗るにしたがって、各国の反共対策は厳しくなっていったが、日本がドイツ、イタリアと結んでいた防共協定を、軍事同盟に発展させたのは一九四〇年九月であった。ファシズムと手を結んだ政府は軍部、特に陸軍に牛耳られて、新体制の名のもとに国内のあらゆる組織から、左翼はもとより、穏健な自由主義者までを、圧迫し追出しにかかっていったのであった。

花王石鹼の宣伝キャンペーンに見られるように、昭和に入ってようやく近代化の機運が見えはじめていた広告宣伝の技術も、こうした激動の嵐をもろにかぶっていた。軍部と、それをバックにした新官僚主導で進められる、全体主義的統制経済の中では、もはや商業宣伝の仕事に将来はなかった。

私の数ヵ月あとに東方社美術部に入社した今泉武治は、それまで森永製菓の宣伝部にいたが、当時の広告技術者の中にあって、新しい宣伝のあり方に情熱を燃やしていた一人であった。報道技術研究会（略称・報研）という会が、主として広告関係者によって一九四〇年十一月に結成されている。今泉は新井静一郎、山名文夫らとともに、この会の設立と運営に奔走した。のちに東方社に加わった、原弘、蓮池順太郎、高橋錦吉もメンバーに入っている。

そのころ誰がいい出したのか知らないが、「バスに乗り遅れるな」ということが秘かにいいふらされていた。これは「欲しがりません勝つまでは」などという官製標語と違って、多分に本音を表わした流行語であった。戦争へ向けてなだれを打って多数の国民が突き進む当時の状況の中では、仕事を失い経済面からおびやかされることが戦争そのものより怖かった。だからこれは非力な民間人の生残りをかけた処世術でもあった。

宣伝界の混乱状況は、今泉武治らが一九七八（昭和五十三）年にそのころの記録をまとめた『戦争と宣伝技術者』（ダヴィッド社）の中で、いろいろな人が当時語った言葉の中から推察することができる。

新井静一郎は、

「商品に隷属していたかつての宣伝技術が、今直ちに国家の報道並びに宣伝に対する技術たり得ると考えるのは、余りに甚だしい迷妄である。……それとも、国家と商品という奇妙な頭のすげ換えで生きて行かれると思っているのだろうか。宣伝技術者は、先ず自らの意志を、頭を持つべきである」

と国家宣伝への安易な飛びつきをいましめている。

また原弘は、

「新体制下におけるわれわれ産業美術家に与えられた使命――それは何の研究も調査も熟慮も経ずに思い思いの国策バスをむやみに出したり、××院や○○局や○○省に渉りをつけてただ量的に多くのポスタアを派手に献納したりすることが、そうだとは思わない。……何か国家の為に仕事をしないではいられない気持は分るが、焦ってはいい仕事は出来ない」

と便乗組に一言。

亀倉雄策は、

「いままで美人画を描いていた図案家が急に国防ポスターの一枚も描いて一応の罪をのがれたと思っているのもおかしい。私は今、ひたすら希っていることはこのはき違いから生じた団体の結成と今後の行動に於ける誤算なきことである」

と安易な国策との結びつきについて警告している。

この報研は一九四一（昭和十六）年二月に、会員の共同作業で「太平洋報道展」を情報局の後援で開いている。また、同年六月一日から日本橋三越で開催された「戦ふ独伊の壁新聞

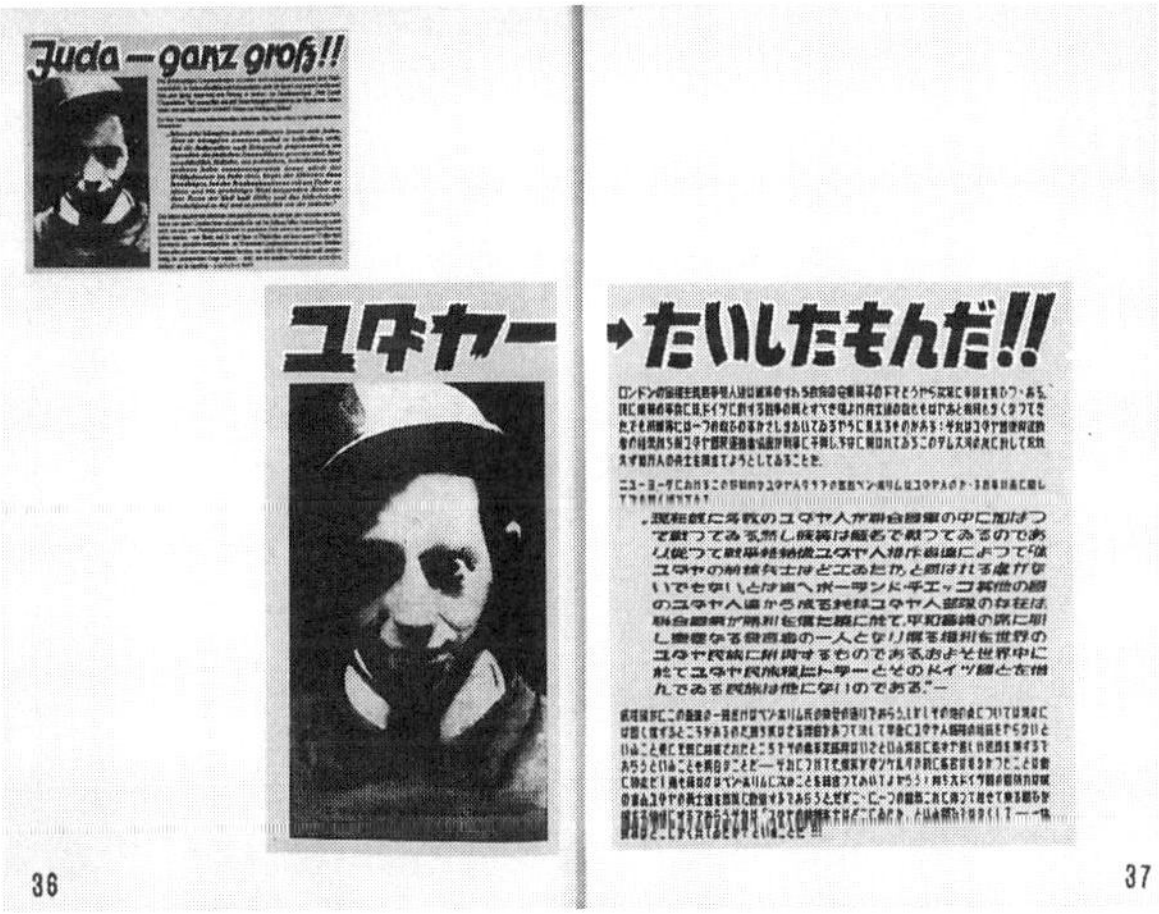

●『戦ふ独伊の壁新聞』表紙と本文ページ。財団法人写真協会出版部発行，1941年。ドイツの壁新聞はナチス宣伝部が制作した。日本語のものは報研のスタッフが展示用に制作

展」の展示に協力して壁新聞の翻訳・複製を行った。これはのちに『戦ふ独伊の壁新聞』という八十ページの軽装本として出版され、私のような駆出しの者にとって貴重な参考図書となった。

この、民間の宣伝技術者を結集した会は一九四五（昭和二十）年まで続いたが、敗戦間ぎわにはもはや組織立った国内宣伝のできる状況ではなくなっていた。苛烈な戦局は「宣伝技術」などはるかに超えていたのである。かくして今泉は『戦争と宣伝技術者』の中で次のようにこの会の業績を総括している。

「報研創立以来、五カ年間に作成した宣伝物は約一五〇点で、ポスターと壁新聞が六〇%、巡回展・展示物が二三%、パンフレット・グラフが一五%である。宣伝の内容別をみると、直接戦争に関するものが三六%、経済・増産のもの三五%、精神作興に関するもの一八%、航空要員募集のものは一一%であった」

太平洋戦争開始前後のこの時期、新体制の名による戦争協力への政府の圧力は、国民のあらゆる職業、業界、学校、団体に及んでいた。それまでの自分の仕事を続けようとすれば、集まって組織をつくり、表面だけにしろ政府に協力する姿勢を見せなければならなかった。個人には仕事は回らず、資材の配給もなかったのである。戦争はいやだといって何もせずに

諸君の友達を射殺した
アメリカの飛行機をたゝき落すために
はつきりと憶えてゐるだらう
日本空襲を企てたアメリカ機が國民學校を
狙つて、諸君の友達を射殺したことを。
今、南に北に大陸に、わが航空部隊は、
晝夜を分たず、奴等と血みどろの戰を
つづけてゐる。
米英との勝負は、飛行機の戰ひによつ
てきまるのだ
警戒の目をぬすんで、飛びまはるあの
憎い敵米英の、最後の一機を大東亞の
空からたゝき落した時、輝かしい勝利
がくるのだ。
そのためには、よい飛行機と秀れた飛
行士が必要だ。澤山必要だ。
米英が千機造れば日本でも千機造らう。
米英が千人持てば、日本でも千人の飛
行士を持たう。
日本の運命がこゝで決せられるのだ
今度卒業する諸君
諸君はもう日本を背負つてたつ國民の
一人だ。諸君の魂と腕と力を、進んで
御國のために捧げてもらひたい。
陸軍少年飛行兵
海軍少年飛行兵
航空局航空機乗員養成所生徒
航空機を造る工場の産業戰士
進む道はこゝにある
諸君が眞先に立つて、
敵をやつゝけるのだ
大日本飛行協會
●少年飛行兵募集ポスター。全国の中学校に配布した。企画構成・報研。1942年

いれば、召集令状か国家総動員法による徴用が待っていた。生きのびるための「バス」に乗る混乱は、広告宣伝の世界ばかりではなかったのである。

誌名を『FRONT』に変更

一九四〇（昭和十五）年、日本ばかりでなく世界中が戦争状態となってしまったことは、早くから新興芸術である写真やデザイン、宣伝技術などを研究していた者にとっては、まことに不運な時代であったといえよう。オリンピックも万国博も中止になってしまった今、可能なのは国家宣伝しかなかった。

岡田をはじめ中央工房系の人たちが、東方社を組織し参謀本部という軍の中枢と結びついたのはこうした状況下であった。当初、参謀本部側の計画が文化宣伝であったことが、これに参画した人たちにとって、自らを納得させる唯一のよりどころだったのであろう。情報局が握るそのころの国内宣伝の方向は、国民を戦争協力に駆りたてることに、主眼が置かれていたのである。

東方社は一九四一年春にスタートしていたが、手足になるスタッフがそろうまでには数ヵ月かかった。ただ、写真部員は取材を早めに始める必要から、夏までにおよその人数が集められたようである。木村伊兵衛、風野晴男、渡辺勉のほかに、濱谷浩、桂小四郎、菊池俊吉、大木実、関口満紀といった人たちがあちこちの会社に勤めていたり、フリーで働いていたのを、引き抜いてきたようだ。

しかし夏前は仕事はあまり進んでいなかったようで、木村に誘われて五月一日に入社した濱谷浩は、そのころを回想して、

「手持ち無沙汰でブラブラする日が多かった。誰がやりだしたのか、昼休みや社の帰りに玉突きするのがはやりだした。私は勝負ごとに縁がなかったが、さそわれて玉を突くことが面白かった。木村さんは軽妙せっかちで、原さんは慎重丁寧な突き方で、私は不器用で　向上達しなかった」

「うわさでは、参謀本部の口ききで三井関係から金がでているとのことだった。だからガツガツしたところがなくて、至極鷹揚な会社に思えた。写真機材も暗室設備も当時としては超一級の構えだった」（濱谷浩『潜像残像』／河出書房新社）

といっている。

その写真機材は総務部長の杉原二郎が上海に出張して、調達してきたものであった。そのころ国内では手に入らなくなっていた、ライカ、ローライ各五台と、ライツ社の引伸機数台を購入してきたのである。当時ライカは二百円、ローライは百五十〜百六十円ぐらいだったと、経理担当の国司羊之助はいう。

贅沢だったのは写真部ばかりではなく、私の所属した美術部の部屋に、つくりつけの大きな引出しがあったが、その中には『FRONT』の割付用紙とともに、輸入できなくなっていた英国製のケント紙や水彩画用紙などが、びっしりと入っていた。社員が使う鉛筆も、丸善を通じてプラトンというメーカーに特注した社のマーク入りを使っていた。編集部や総務部で使用する机や椅子も全部特注で、戦後に社が解散したとき、空襲で家財を失った社員に一組ずつ分けられたが、以来四十年あまり使ってもビクともしないほど頑丈な机であった。

写真部員の話を総合すると、撮影取材が始まったのは、一九四一年夏ごろからで、それもほとんど軍隊関係だったようだ。濱谷は八月から二、三ヵ月の間に、江田島の海軍兵学校・呉の潜水（艦）学校・木更津航空隊での爆撃演習・陸軍戦車学校・横須賀海兵団・陸軍工兵隊とたてつづけに取材している。木村伊兵衛以下約十名の撮影要員が総動員で取り組んだのである。

　このころまだヨーロッパの戦争に参加していないアメリカの主導で、米・英・オランダに国民党の中国が加わり、ＡＢＣＤ包囲陣といわれた連合国側の対日政策が動き出した。日本に対して石油をはじめ、戦略物資と見られる物について輸出禁止の措置がとられたのである。この段階で政府・軍部は日米戦争は不可避と判断、フランス領インドシナ（現ベトナム・カンボジア）に進駐するとともに、南進の陽動作戦として、満州に七十万の兵力を集結して関東軍特別大演習（通称・関特演）を行った。

　こうした情勢の変化から、夏以降の時点で、創立当初の企画は一応棚上げされ、「陸軍号」「海軍号」の取材に全力をあげはじめたのである。業務開始と同時に国際情勢は日米戦争必至の方向に急速に進み、文化宣伝は軍事力宣伝優先に変更されてしまったのであった。

　このころ原弘は、まだ府立工芸学校に籍を置いており、東方社の仕事に全力投入することに踏み切れないでいた。のちに原夫人の美智子は、本格的に仕事の始まった一九四一年秋ごろのことを思い出して、次のように語っている。

「長年勤めた学校をやめることには、ずいぶん迷っていたようでした。それまでも学校と中央工房の仕事は並行してやっていましたし、それに時局とはいえ軍の仕事に専念することに抵抗があったようです。しかし、最後に参謀本部の将校が工芸学校の校長に会いにきて、原も決意したようでした」

誌名もこのころ『FRONT』に最終決定している。原の、病床での話によれば、「これを提案したのは岡（正雄）さんだった」という。

「もしそうならば『FRONT』という名称は、軍事用語の前線の意味もあっただろうが、人民戦線―People's Frontや、フランス統一戦線―Front uniqueからヒントを得たのではないか」

とは、岡正雄をよく知る朝日新聞記者の言葉である。

海軍大演習の写真取材と小川寅次

日本を全体主義的統制下に置こうとする東條英機らの軍部統制派や、右翼的政治家とそれに便乗する官僚は、新体制の名のもとに、「聖戦貫徹」「大政翼賛」「東亜新秩序」といったスローガンのもとに、国内のあらゆる組織で実権を握っていった。

陸軍参謀本部も例外でなく、南進政策によって主流からはずれたソ連担当の第五課や、宣伝担当の第八課の将校の異動が相次ぎ、東方社創立に熱心だった矢部中佐や、第八課長の臼井茂樹大佐も南方への転出が決まった。

こうした緊迫した情勢の中で、海軍では秘密裏に、連合艦隊の臨戦態勢での大演習を行うことになった。夏以来「陸軍号」「海軍号」の取材を進めていた東方社では、この演習に参加すべく海軍軍令部に交渉したが、その当時海軍のこうした写真取材は、山端祥玉の主宰する写真通信社ジー・チー・サン（G・T・SUN）が一手に引き受けていて、なかなかOKが出なかった。参謀本部を通じての交渉でようやく同乗撮影の許可が出たが、撮影フィルムはすべてジー・チー・サンに渡して、現像・整理・引伸ばしの一切を、そこのスタッフの手で行うという厳しいものであった。それほど当時の海軍の機密は厳重だったのである。戦後になってからは子供でも知っている戦艦「大和」「武蔵」は、開戦前後のこのころ相次いで竣工していたが、南海の藻くずと消えてしまった敗戦後まで、この世界最大の軍艦の存在は、うわさ以外には国民の誰にもついに公表されることはなかったのである。

一九四一（昭和十六）年秋、海軍連合艦隊の主力はハワイ攻撃を隠蔽する陽動作戦もかねて、九州大分県沖の豊後水道で実戦さながらの大演習を開始した。木村伊兵衛と若手カメラマンの坂口任弘《ただひろ》、それに艦長をしていた海軍大佐の長兄を持つ光墨弘（中央工房所属の写真家、のち

●「海軍号」より。右の見開きを中央から左右にめくると，横4ページ大のスペースに戦艦「陸奥」の写真が現れる（図版・左)。戦艦の司令塔，砲塔など，機密に関わる部分は小川寅次によって消去・修整されている。写真・木村伊兵衛

に東方社に入社）の三人が手わけして乗りこんだ。

陸軍と違って日露戦争以来、長い間実戦の場のなかった海軍将兵は、最大の仮想敵米国海軍との戦いを目前にして、激しい訓練の成果をこの演習にぶつけたのであった。こうした硬派の写真を撮ったことのない木村伊兵衛だったが、さすがにライカを使ったスナップの名手の名に恥じず、数々の迫力あるシーンをものにして帰ってきた。

しかし、よい写真が撮れたからといって、そのまま使うことは許されない。戦闘に備えて用意している武器・装備であり、敵からは絶えずその実体を探られる運命にさらされている。だから軍隊に秘密はつきものであるが、帝国陸海軍の秘密主義は諸外国と比べてもひどかった。特に海軍の場合、戦闘が軍艦や航空機といった重兵器主体で行われることから、その装備の実際は公表データ以

外知られたくなかったに違いない。

海軍側が東方社の取材をしぶったのは、日米開戦を目前にして、そうした秘密がアメリカに漏れることを恐れたのであった。軍事専門家の分析力によれば、一枚の軍艦の写真を見て、その吃水《きっすい》線の状況から総トン数を、舳《へ》先《さき》の波頭でスピードを、砲塔の形から装甲の厚さを知ることができるという。したがって公表する写真はその部分を隠すか、改変するしかないわけである。

岡田桑三が海軍軍令部に撮影許可の交渉に行ったとき、「陸軍号」の「紙芝居」（写真を引き伸ばしてつくった原寸大のダミー）を持参した。これを見た軍令部の大石参謀は、

「海軍では軍艦の写真をそのまま出されては、秘匿している性能をすべて外国に読みとられてしまうから、必ず修整することが条件である」

と答え、英国海軍軍令部でつくった『軍機を秘匿する

しばしば行われる

●「海軍号」本文導入部。『FRONT』では遠近法による〝力〟の強調が

●「海軍号」より。〝力〟と〝静〟を暗示した導入部から，次の見開きは一転して出撃場面の〝動〟に移る

●レイアウトによる強調。手前の水兵はセピア，バック写真はブルーの２色刷

●こうした細部の写真は，それまで国内でも滅多に公表されなかった。高度の修整技術が要求される部分だ

●40センチ主砲の一斉射撃。写真のブレが臨場感を伝えている

今も自衛官募集や政党のポスターに見られる。コメントの文章は蒙古語。

●見上げるポーズのクローズアップは，宣伝写真の古典的手法である。

●「海軍号」より。左ページは部隊の行進が近づいてくるという映画的手法を，レイアウトで表現したもの

●切り抜かれた人物のアップ写真と，ロングの組み写真の対比によって，主題の強調と説明を並行して行う

ための修整技術』という本を見せてくれたという。岡田はそれを見て、

「こうした技術なら我が社にはエアブラシの名人がいるから、そちらが納得するまで修整しましょう」

といって、ジー・チー・サンで引き伸ばした印画紙原稿に、海軍の意見を入れながら小川寅次が腕をふるって修整を加えた。

こうして出来上がった写真を見た軍令部の某大佐は、「日本海軍にもこんな立派なフネがあったらいいなあ」とにが笑いしたという。

旧館屋根裏の資料室で

東方社の旧館社屋は木造ながら洋風建築の住宅だったから、三階に屋根裏のような部屋があった。ここは調査室ということになっており、他の編集部や写真部が開放的だったのに比べ、何か違った空気がただよっていたので、私はあまり出入りしなかったが、一九四一（昭和十六）年八月からその部屋に半年ほど勤務していた谷口善兵衛に最近会って、そこがどういう部屋だったか聞いた。

彼は勝野金政とアパートが一緒だったこともあって、勝野に勧誘され、新聞社をやめて東方社に入った。この谷口や後に編集部に入った山室太柁雄の話だと、この部屋には当時一冊でも持っているのがわかっただけで、特高につかまる理由になる左翼関係の発禁本がぎっしりとつまっていたという。これらの本は岡田の蔵書だったのではないかと山室はいう。そのほかにも戦争の被害とか惨状を記録した書籍や、宣伝関係資料が多く、普通では入手不可能なこうした本を、毎月古書店から大量に買い込んでいたのだった。

表向き東方社は対外宣伝の画報をつくる会社ということになっていたが、もう一つの面を持っていた。参謀本部第八課は宣伝謀略を担当する課であり、宣伝が表からの働きかけだとすれば、謀略は裏面からの秘密工作である。東方社もその成立のいきさつからわかるように、もともと九段事務所を通じて始まっている。勝野金政は理事に名を連ねていないが、それは彼の前歴から表に出せなかったからで、実際はよく社に顔を出していて、社員も皆、彼を理事だと思っていた。理事会もなくて暇なときは、経理の国司を相手に碁を打っている姿をよく見たものである。勝野はその著『凍土地帯』の中で、岡田とともに東方社をつくったように書いているが、どこまでその創立に力があったかはわからない。しかし東方社の裏の仕事に関しては、他の理事よりも深く関与していたことは間違いない。

写真部にいた大木実は創立のころを思い出しながら、

「そのころは何もすることがなかったから、何に使うのか教えてくれなかったが、ルパシカみたいな服を着せられて手をあげているところを写真に撮られた。あとで小川さんがエアブラシで首をすげかえたのを見たけれど、何かのビラに使うらしかった」

と話してくれた。

こうした仕事は編集部ではなく調査室でやっていたようだ。社内でも秘密のベールをかぶっていて、のぞき見ることもはばかられる雰囲気であった。ここでは対ソ戦に備えての、宣伝ビラ・投降勧告ビラ・反戦ビラなどをつくっていたらしい。岡田と勝野がこの部屋にいることが多かったという。

しかしこの後戦争が太平洋一帯に拡大して、陸軍の主力は南方軍に移り、ソ連軍もヨーロッパ戦線で釘づけになっていたから、対ソ戦用の宣伝物は必要がなくなった。岡田理事長がやめた一九四三（昭和十八）年ごろは勝野も出てこなくなって、こうした裏の部門は自然に消滅したと思われる。

4　スタートした戦時国家宣伝

●「落下傘号」表紙。人工着色製版・オフセット４色刷

緒戦の戦果に合わせ、「海軍号」が創刊号に

創立当時の取材状況や、編集の進み方から判断して、最初に出す号は陸軍の軍事力をテーマにしたものであったことは間違いない。「陸軍号」を担当した理事の林達夫も、病床に伏す前、初めの計画では、創刊号は「陸軍号」だったことを私に電話で教えてくれた。それが急遽「海軍号」と入れかわったのはどの時点であったのか、正確な記録のない今となっては推測するしかないが、おそらく十二月八日の開戦直後だったのではなかろうか。

一九四一（昭和十六）年十月に内閣総理大臣が近衛文麿から東條英機に代わったことは、陸軍の、それも統制派が国の命運を握ったことを意味し、もはや日米開戦は避けられまいと、このとき誰しもが思った。しかしだからといって、大衆の中に戦争反対の気運が盛り上がるということはなかったのである。十数年来のなしくずしの戦時体制によって、国民の口は封じられていたし、人びとの心の中には、もうどうでもよいからスパッと状況を変えてほしいという、やけっぱちに似た気運が充満していたのも事実であった。だから、これ以上戦火の広がるのを食いとめようと努力してきた三次にわたる近衛内閣が倒れ、現役の軍人東條が首

●昭和17年1月1日の新聞に載ったハワイ真珠湾攻撃の写真。海軍省報道部

相として登場したとき、戦争に対する不安のつのる一方で、これで何かが変わるのではないかという期待が、多くの国民にあったことも確かなのである。

十二月八日早朝、臨時ニュースを伝える、いつもと違う緊張したアナウンサーの声に、日本中の国民は眠気を覚まされた。それは八日未明、帝国陸海軍が米・英・オランダの各国と戦闘状態に入ったことを伝える大本営発表であった。ついに来るべきものが来たという慄然たる緊張感が、すべての国民を包んだ瞬間であった。

しかし、つづいて発表されたハワイ真珠湾攻撃の戦果は、それが「不意打ち」によるものであったにせよ、国民大衆を欣喜雀躍《きんきじやくやく》させるに十分だった。これが、数日後に発表になった十二月十日のマレー沖海戦における英国の新鋭戦艦プリンス・オブ・ウェールズ撃沈の報とともに、国の内外に日本海軍の威力を轟《とどろ》かせたことは間違いなかった。

こうした海軍のめざましい戦果に合わせて「海軍号」を出そうと考えたのが、東方社のスタッフだったのか、参謀本部側だったのかよくわからない。しかし宣伝の常識からいったら当然のことであった。かくして二号目に予定され、取材のほとんど終わっていた「海軍号」が最初に刊行されることになったのだが、これは明治の建軍以来、事あるごとにセクショナリズムで対抗し、張りあってきた陸海軍の間では、開闢《かいびやく》以来の画期的な出来事といわれたのであった。

開戦の当日、私はまだ東京府立工芸学校に在学中だった。この日の朝登校すると全校生徒は講堂に集められ、昨日までの長髪を丸坊主にした右翼教師が、校長をさしおいて壇上に上がり、世界地図を前にして滔々《とうとう》と「日独伊世界制覇実現近し」とアジったのだった。この時代、あらゆる組織でこうした事大主義者の時局便乗劇が繰り広げられていたのである。ところが、それからひと月足らず後に東方社へ出社すると、軍の仕事をしているというのに、どこかのんびりとしている。開戦と初仕事の両方で緊張していた新入社員の私は、なにか拍子抜けしたのだった。

だがこのとき美術部では、急遽入れ替え発行が決定した「海軍号」の追込みに入っていて、前に述べた私の初仕事である表紙のナンバー描きは、入れ替えのための最終入稿に間に合わせるためだったのである。

特需扱いで資材を確保

月刊写真画報『東亜建設』として計画された東方社の雑誌は、半年間の大きな国際情勢の変化のために、誌名ばかりでなく、企画・取材・刊行期日などがめまぐるしく変わった。本文三十二ページという初めの基準も、最初に出す号が陸軍・海軍の偉容を宣伝するとなると、テーマが大きすぎて到底この枠には収まりそうにないことがわかった。「海軍号」が1-2、「陸軍号」が3-4というように、それ以後のほとんどの号がダブルナンバー（合併号）になっているのは、初めの企画時の予想より重いテーマが多くなったからでもある。

しかしその他の仕様では計画の基本は変えていない。判型A3判、本文グラビア一～二色刷、表紙の印刷は「海軍号」がグラビア刷のモノクロ写真、「陸軍号」ではカラー分解オフセット印刷が使われた（「陸軍号」の表紙については、当時すでに完成していた「さくら天然色フィルム」が使われたという説もあるが、菊池・大木両写真部員の話では、印刷所のワンショット製版カメラを航空基地に持ち込み、木村伊兵衛が重爆撃機のそばで撮影したのを目撃している）。

最初から『FRONT』には、「日本の資源はまだ十分ある」ことを宣伝する目的もあって、そのころの国内情勢から見れば大変贅沢な資材を投入することになっていた。

用紙は当時国内最大の製紙メーカーだった王子製紙が、表紙用に「千代田」、本文用に「丸王」という名称の上質紙を特漉《とくず》きした。これらの紙の印刷適性はグラビアには向いているが、オフセット印刷ではインキの吸込み量が多すぎ、写真の印刷には向いていなかったようだ。またこれらの重量を今日計測してみると、「千代田」が一五七グラム／m²＝四六判・一三五キログラム、「丸王」が八一・四グラム／m²＝四六判・七〇キログラムで、重さのわりに束《つか》のでる厚い紙である。しかし「海軍号」一冊の目方は約五百グラムあり、海外に配布する宣伝物としては決して軽くはない。これは最初から、船や鉄道によって運ぶ平時の輸送を前提にしていたからであったが、この重さと大きさは後に戦局の悪化とともに、『FRONT』の配布に決定的な影響を及ぼすことになったのである。

印刷はドイツ製のゲーベルグラビア輪転印刷機（両面二色刷／A判半裁長巻紙使用）を所有し

ていた凸版印刷板橋工場が担当した。この印刷機はその数年前に導入した、当時のグラビア印刷機としては最新鋭の設備であったが、『FRONT』は見開きでA2判となるので、ぎりぎり使用可能な大きさであった。また各国語の文字は、写真だけをグラビアで刷った後に、同系色インキのオフセット印刷で刷り込んだものである。

開戦当時日本ではすでにあらゆる物資が不足していて、こうした資材原料のほとんどは軍需優先で政府の統制下にあった。したがって製紙会社には参謀本部の矢部忠太中佐が同行して、軍の特需扱いとして抄造に入ることになった。また印刷を担当することになった凸版印刷からは、グラビアインキの溶剤であるベンゾールや、カーボンチッシュ製造のための氷砂糖、機械洗浄用の揮発油とそれに使うボロ布まで、特需扱いにしてほしいという要望が出た。

このカーボンチッシュについて、凸版印刷のOBでつくっている「友の会」の会報に、牧江宏一という人がその苦心談を書いている。

「当時グラビア印刷に必要なカーボンチッシュは全部輸入品だったので、これが入手不能になってからは原材料を調達して貰い、手製でこれを造りながら製版したのである。化学実験で使った三角水平台を思いだし、これに四六全判大のガラスを置きバライタ紙をのせ、この上でレジスト液をコートして暗室の中に吊し、一晩乾燥させ翌朝取入れて使用するのである。冷房設備のない当時の暗室のことである。翌朝入って見ると高温のためコートした液が紙から滑り落ちて、十枚が十枚とも紙だけになって吊さがっていたことが何度かあった。こうして一枚一枚チッシュを造りながら製版したのが『FRONT』のフィリピン号であった」

こうした特需によって製造した用紙やインキなどの資材は、一九四四（昭和十九）年に発行した九冊目の「インド号」までまかなうことができた。

凸版印刷の板橋工場は、近くに赤羽陸軍兵器廠などのある工場地帯にあったが、空襲の被害を奇跡的にまぬがれたので、今日でも当時の面影が残っている。出張校正室は現在と同じ場所にあり、青焼校正や、各国語の文字の清刷貼込み作業のためよく通ったものである。小石川金富町から市電に乗って巣鴨に出て、さらに時間のあてにならない木炭バスで、工場のある志村小豆沢まで往復するのは一日仕事であった。グラビア課の課長は小原万古刀《まこと》という学究肌の優秀な技術者で、岡田や原の難しい注文をよくこなした。

そのころ国内向けの印刷物は、資材の不足と技術者の相次ぐ応召で、質の低下が著しかった。だからそれから半年後に「海軍号」の日本語版が国内で発売されたとき、出版や印刷の関係者はその資材の贅沢さと、刷りあがりの出来栄えに驚いたのであった。

『FRONT』の全容

参謀本部ソ連担当課将校の発案で始まった外国向け宣伝誌は、実現に向けて関係者が奔走している間に、国際情勢は激変に次ぐ激変の嵐で、その方向は大きく変わらざるをえなかった。

世界各国に向けて日本の立場や、アジアの実像をPRしようという当初のおだやかな宣伝方針も、ヨーロッパでの大戦勃発でまずその配布が難しくなっていた。さらに政府の掲げる大東亜共栄圏といった美辞麗句とは裏腹の、アジアでの日本軍の強引な占領行動によって、もはやどの地域でも観念的な宣伝物など受けつけない状況になっていたのである。

こうして、最初の志と違って、そのスタートで戦時国家宣伝の宿命をになってしまった『FRONT』は、一九四二（昭和十七）年二月の紀元節に「海軍号」を出して以後、一九四五年三月十日の東京大空襲で、製本直前の刷本をすべて焼失してしまった「戦時下の東京号」まで、都合十冊を刊行した。さらにこの後、編集まで進んでいた「戦争美術号」が企画されていたことを、敗戦時最後の編集長だった山室太柁雄の話で最近知った。

十冊のデータは別表（三二三ページ）の通りである。発行部数に関しては最初の「海軍号」を海外版だけで六万九千部刷ったという岡田の言葉があるのみで、それ以後の部数はまったく不明である。しかし号を追って低下削減されたことは間違いない。

初期の「海軍号」「陸軍号」を見ると、まさに“USSR”のコピーであるかのように形のうえで似かよったところが多い。判型もほとんど同じであり、文章を少なくして写真で見せようとするビジュアルな演出展開、裏表紙の色ベタや年号の入れかたなど、そこまで似させなくてもと思われるほど共通部分が多い。参謀本部側の意向だったのか、ソ連の“USSR”を長年研究してきた岡田や原の、この雑誌への傾倒ぶりからなのかわからない。

しかし、「海軍号」のダイナミックな展開、二色印刷の効果をフルに使ったモンタージュ手法などは、範とした“USSR”を超えるものがあったことも事実である。原の視覚的な演出手法は、さらに号を追って多彩な展開を見せていった。また木村伊兵衛をはじめとする写真スタッフの手腕や、それを再現する凸版印刷技術陣の印刷技術も、完全にソ連の“USSR”を凌駕していたのである。

戦前、一般の多くの出版物が、まだ写真を口絵または挿絵《さしえ》としてしか考えていなかった時代、そしてグラフ雑誌といっても『アサヒグラフ』や『写真週報』（政府情報局発行）など、数誌を数えるのみだったころのことである。写真をここまでダイナミックに演出できるとは、新聞界・出版界の誰も考えていなかった。そうした時代に、発行のために軍の力を借りたとはいえ、これは画期的なことであった。

つかの間の勝利感に酔う

一九四二（昭和十七）年という年は、日本の軍官民（当時よく使われていたこの言葉は、その時代の力関係をよく表わしている）すべてが、つかの間の勝利感を味わった時期であった。開戦直後から毎日のようにラジオに流れる軍艦マーチと陸軍軍歌は、大本営発表の景気のいい戦果発表ばかりだった。ついこの間の開戦時に味わった粛然とした緊張感は、すべての国民からあっという間に消えてしまったのである。

ハワイ奇襲攻撃の戦果や、マレー沖海戦での英国の新鋭戦艦撃沈の写真が元旦の新聞のトップを飾り、この戦争もまた心配していたより簡単に片づくのではないかと、人びとは二月十一日の紀元節に、特別配給された祝い酒にホロ酔い気分になったのであった。

ほっとしたのは国民ばかりでなく、政府・軍部までこの不意打ちによる戦果に酔って有頂天になっていた。さまざまな物資が特配になり、統廃合されて発行を制限されていた出版物のようなものですら、この時期になぜか多くの紙が配給されて、今考えても、どうしてこんな本がと思われるようなものがたくさん出版された。

シンガポール陥落のとき、英軍司令官パーシバルが、山下奉文中将の「イエスかノーか！」という一喝でふるえ上がったという報道が映画や写真で国内に伝えられ、それを見た国民は、英国に対する長年のコンプレックスをひととき解放させたのであった。このニュースが東方社の編集部で話題になったとき、

「やはり時代かねえ、日露戦争のときの、乃木大将とステッセルの旅順開城の話と、ずいぶん違うなあ」

と誰かがつぶやいていたのを今でも思い出す。

しかしこうした国民の解放感は長くは続かなかった。

四月十八日、その日連絡会議でもあったのか、私のいる美術部の部屋から中庭ごしに見える理事室に、参謀本部の担当将校の姿があった。時間ははっきり覚えていないが、突如空襲警報のサイレンが鳴り響き、ほとんど同時に高射砲の音が轟いた。渡り廊下に飛び出して東の空を見ると、低い家なみをかすめるように、見慣れぬ飛行機が高射砲弾の炸裂に追われる

ように飛び去った。

「あれは敵の爆撃機でノースアメリカンB-25ですよ!」

飛行機の知識は多少あったので、私はまわりの人たちに叫んだ。理事室から飛び出してきた担当将校も見ていたが、

「バカいえ、B-25は陸上から発進する爆撃機だ。日本に来るはずはない」

と一蹴されてしまった。

ドウリットルが指揮する米陸軍機B-25十六機が、千葉県房総沖でせまい航空母艦から発進して、日本の各都市に焼夷弾を落とし、中国大陸に逃げ去ったというニュースは、翌日大本営から発表になった。そこでは、被害は「我が方の損害は軽微」と一言で片づけられていた。サイパン陥落以後に始まったB-29による大空襲に比べれば、たしかに児戯に類する空襲であったが、これはアメリカの本格的な報復反撃の前ぶれであった。

戦況はこのあたりを境に米軍の攻勢が激しくなり、日本軍の敗北が続くようになる。

〝東方社はアカの巣窟だ〟

一九四〇（昭和十五）年ごろから度を強めた、国家主義的な傾向と政府による経済統制は、開戦と同時に一段と厳しくなり、戦時特例法で政府の手によって次々と法制化されていった。こうした締めつけは民衆の生活や精神状態にも影響するようになり、毛色や肌色の違う外国人はすべてスパイと見なしたり、労働力確保のために、強制的に中国人や朝鮮人を連行してきて労働させるようなことにも、何の抵抗も感じなくなっていた。

配給制が敷かれると、闇取引が横行し、昨日まで腰の低かった八百屋や魚屋などの町の商店主は、役人より横柄になった。隣組は相互監視制度に利用され、戦争の批判はおろか、少しでも非協力的な言葉を漏らしただけで、密告されたり非国民よばわりをするという、荒廃した暗い時代になっていた。

東方社のあった小石川は古くからの山の手住宅街で、江戸時代からの名刹伝通院が近くにあった。ここから春日町に下る市電通りに富坂警察署があり、そこの特高係が東方社の周辺をうろうろしているという噂が、このあたりの商店の人たちの間に流れた。しかし裏口営業を続けている外食券食堂や和菓子屋などにとって、東方社の社員は上得意であった。長髪で革のジャンバーやツイードの上着など着て歩いている会社員は、このあたりにはあまりいなかったが、軍の関係者だったら闇をやっても安全だろうという、庶民のカンが働いたのかもしれない。だから、こういう話はつつ抜けだった。

だが特高係は聞きこみはやっても東方社へは入ってこなかった。そのころ写真部の暗室主任だった風野によれば、参謀本部から「あの会社に立ち入ることはまかりならん」という通達が警察に入っていたからだという。

●東方社美術部スタッフ。左から原，蓮池，今泉，多川。1942年

元ソ連共産党員という肩書を持ち、シベリアから帰国した勝野金政をはじめとして、しょっぴいて叩けばいくらでも埃の出そうなのが勝手に出入りしており、それを指をくわえて見ていなければならなかった警視庁の特高係にとっては、さぞ口惜《くや》しかったことであろう。庶民から鬼のように恐れられていた特高といえども、軍の、それも参謀本部の関係と

●東方社慰安旅行で。前列左から桂小四郎，国司羊之助，小川寅次（横向き），今泉武治，原弘，杉原二郎，関口満紀，蓮池順太郎。後列右端，濱谷浩。伊東温泉，1943年

あっては、どうにも手出しができなかったのである。

戦前の共産党非合法の時代では、誰が党員なのか本人も隠し、はたも口に出すことはためらったから、まだ若かった私などにはよくわからなかったが、編集部にいた山室太柁雄から最近聞いたところによると、のちに入社した人たちの中で、社内でもはっきり左翼かそのシンパと見られていた者には次のような人がいる。

山川幸世　昭和初期から築地小劇場などで演出・舞台監督など左翼演劇で活動。逮捕数回。昭和十六年十二月保釈。十八年に東方社入社。

小泉（浅川）謙次　昭和五年プロレタリア科

学者同盟中国問題研究会に参加。逮捕数回。十三年、上海に渡り中国共産党とともに反国民党運動を行う。十六年、帰国後逮捕され巣鴨刑務所（未決囚収容）に入れられる。出所後十八年に東方社入社。

山室太柁雄　プロレタリア芸術連盟、全日本無産者芸術連盟を経て、学生の反戦運動組織化に関与。昭和六年逮捕、未決のまま一年八ヵ月。十九年山川の紹介で東方社入社。

高橋錦吉　三省堂宣伝部、国際報道工芸美術部などを経て昭和十九年東方社入社。戦後正式に日本共産党に入党。

このほかすでに入社していた人の中で、左翼のシンパと見られていた人には、渡辺勉、蓮池順太郎、八木武雄などがいた。

また後に野々宮ビルに移転してからの一九四四（昭和十九）年以降には、横浜事件で会社を閉鎖され職を追われた、中央公論社の編集者だった平武二、南清一、海老原光義なども入社している。

5 連合国に届いていた『FRONT』

●「空軍号」表紙。人工着色製版・オフセット5色刷

十五ヵ国語に翻訳された「海軍号」と「陸軍号」

『FRONT』は企画当初から一号一テーマという編集方針をとっていた。各号には編集責任者が決められていて、これがまず全体の構成プロット（筋だて）と原文を担当した。「海軍号」は小幡操、「陸軍号」は林達夫が受け持った。編集委員を中心に各部からの代表を加えて編集会議が開かれ、まず原案を検討する。そうした討論を踏まえて原弘がレイアウト構成を行った。現在だったらこれで印刷所に入稿ということになるのだが、より視覚的イメージを明確にするために、レイアウトが確定してから、使用する写真を暗室で原寸大に引き伸ばし、これを本の形に仕立てて、さらに編集会議にのせて検討した。社内ではこれを「紙芝居」と称していたが、こうした贅沢な方法は、アメリカの“LIFE”などが行っていただけで、そのころの日本の出版界では考えられないことであった。

また各国語版のコメントは、アラビア語がなくなり、インド・パーリ語とビルマ語が入って十五ヵ国語になった。これには国内の優秀な翻訳者や学者が集められ、またビルマ語などの特殊な言葉の翻訳には、日本に留学中の学生が協力した。さらに「海軍号」は後になって国内向けもつくられたので、計十六ヵ国語版になっている。

「陸軍号」と「海軍号」は開戦前から準備されていたので、多くの国の言語に翻訳されたが、そのために当時の最高クラスの翻訳者が動員された。岡田から聞いた話によると、ドイツ・アジア協会にいたドイツ人から「これはナチスになってからのドイツ語で、今東京にこんなアップツーデートなドイツ語を書けるドイツ人はいないはずだ」といわれたという。岡田が、「いや、これは岡上《おかのうえ》守道という、れっきとした日本人の仕事だ」といってもなかなか信用しなかったそうである（岡田は一九二〇年代、ベルリン留学中に黒田禮二と名乗っていた岡上に会っている＝前述）。

初期の『FRONT』では写真をグラビアで先に刷り、あとから各国語の文字を入れたことは前に述べたが、タイトルと本文といった区別はなく、全ページをナレーション風の文章が、写真の展開に合わせてレイアウトされていた。これに使う書体は凸版印刷の欧文活字の中から、原がフランクリン・ゴシックを選び、最後まで主としてこれが使われた。

たいていの外国語の表記はアルファベットだったのでこの活字書体ですんだが、困ったのは蒙古語やビルマ語であった。蒙古語の活字は当時日本にはなく、満州のハルピンの印刷所にあったのを探し出し日本に運んだという。翻訳は蒙古語の権威、服部四郎教授があたり、

十五ヵ国による「アジアの守り日本海軍」「海軍号」表紙-2に入れられたスローガン

亞洲的保衞者—日本海軍

中国語(C)

THE GUARDIAN OF ASIA

THE JAPANESE NAVY

英語(E)

DER WÄCHTER ASIENS

DIE KAISERLICH JAPANISCHE MARINE

ドイツ語(D)

LA MARINE JAPONAISE

GARDE DE L'ASIE

フランス語(F)

СТРАЖ АЗИИ

МОРСКОЙ ФЛОТ ЯПОНИИ

ロシア語(R)

DE WACHTERS VAN ASIË

DE KEIZERIYKE JAPANSE MARINE

オランダ語(H)

ビルマ語(B)

タイ語，中国語，ビルマ語は描き文字，他は活字による。蒙古語は縦組表記

・蒙古語(M)

EL GUARDIAN DE ASIA

LA MARINA IMPERIAL JAPONESA

スペイン語(S)

O GUARDA D'ASIA

ARMADA JAPONESA

ポルトガル語(PO)

ผู้พิทักษ์เอเซีย—ราชนาวีญี่ปุ่น

タイ語(T)

HẢI QUÂN NHẬT

PHÒNG GIỮ Á CHÂU

仏印・安南語(A)

ARMADA LAOET NIPPON

IALAH PERTAHANAN ASIA

インドネシア・マレー語(オランダ式表記)(IH)

ANGKATAN LAUT MELINDONGI ASIA

YA-ITU **PASOKAN LAUT NIPPON**

インドネシア・マレー語(英国式表記)(IE)

ĀSIARAKKHANTĀ JAPAN

RĀJARĀJASSA YUDDHANĀVĀ

インド・パーリ語(P)

●言語名は当時の呼び方による。S，POなどは『FRONT』で用いられた略号

●「陸軍号」ロシア語版表紙は戦車部隊の写真で別に作られた。グラビア・スミ1色刷。題字のみオフセット・赤刷

「海軍号」のカンノン開きのページに載った戦艦の重さが、蒙古語にはトン数表記の言葉がないので、「ラクダ何万頭の重さ」と書かれてあると話してくれた。また蒙古語は左縦書きにしか表記できず、レイアウトで原はだいぶ苦労したようだ。

ビルマ語は視力検査表のようなリング状の記号が連なった文字で、数年後に写真植字機研究所（現・写研）で文字盤がつくられたが、「海軍号」のときは活字も写植もなく、ビルマ人の留学生に平ペンで手書きしてもらった。少し大きな字は私がコンパスで描いた。ところがどちらが上か天地のわかりにくい文字なので、青焼校正紙に貼込み指定するとき逆さに貼ってしまい、誰にも読めなかったので、完成品を見たビルマ人が気づくまで、発見できなかったという失敗もあった。

「海軍号」が先に出て題材に迫力があったせいか、後世『FRONT』が紹介されるときは、こちらのほうが派手に扱われることが多かったが、「陸軍号」は早くから取りかかっていたこともあって、全体としてきめ細かい編集が行われていた。編集に時間と手間をかけた点では「陸軍号」の方が上で、林達夫らしい編集意図が特にその冒頭の展開に見られる。

百年前のアヘン戦争以来の欧米によるアジア侵略から説き起こし、日露戦争での日本の反撃を歴史的に位置づけている。グラッドストンやアナトール・フランスの言葉を引用したり、古い欧米側の文献資料を逆手に使っての正攻法の宣伝であった。

冒頭と巻末で「日本はアジアの侵略者か？」と三たび問いかけながら、日本軍のアジアでの使命を説得しようとしているが、これが完成したときはすでに中国から東南アジア全域が戦場となっていて、戦争という非情な現実の前には、大東亜共栄圏の建て前宣伝はほとんど無力となっていたのであった。

戦車学校の取材と合成写真

「陸軍号」のロシア語版の表紙だけ、ほかとは別な写真が使われている。岡田にいわせると、大変挑戦的な写真で、日本軍の新型戦車を逆光で撮ったものである。また後半には数十台の戦車が見開きいっぱいに並んでいる場面もある。

初めから『FRONT』は国の宣伝物として企画され、そしてその最大の目標はソ連であった。平時に軍の威力を仮想敵国に宣伝する目的は、こちらの軍備状況を知らせて、相手国の戦意を阻喪させることにある。いわば戦わずして勝つということである。まして米英との戦争が始まった今、北方で事をかまえたくない、というのが当時の日本の政府や陸軍の実情であった。

一九三九(昭和十四)年のノモンハン事件のとき、近代兵器の装備においてソ連軍に劣ることを暴露してしまった陸軍が、その後最も力を入れてきたのが戦車部隊だった。そうしたいきさつから、対ソ戦の主役である戦車の取材には、軍側の要望もあって相当力を入れていたのだった。「陸軍号」に使われた戦車の写真撮影は、開戦直前の一九四一年の秋、千葉県の

●遠くと手前，左右ページも別写真。レイアウト技術で合成，集団効果を演出

陸軍戦車学校で写真部全員を動員して行われた。

　木村、濱谷などとこの撮影に参加した菊池は、その当時を思い出しながら次のように語ってくれた。

「あの戦車は九七式中型戦車、またの名をチハ車といって、その戦車学校には二百台かそれ以上いたようです。この撮影には東方社としても相当の意気込みで取りかかったようで、出かける前に、原さんからいろいろスケッチ（撮影コンテ）を受け取っていったのですが、来てみると初めて見る戦車で、しかも何百台という数に圧倒されて、とてもスケッチを見ながらなどというわけにはいかないのです。一番の難物は一度に何十台も入れてほしいという注文で、そのころ一番長いレンズが135ミリでしたから、なかなかつまった感じにならないんですね」

「そのうち濱谷さんが、ぼくはあの上から撮るから、菊池さんは下でぼくの注文を指揮官に伝えてくれといって、近くの建物の屋根に上がった。そうして、右のほうに十台ばかり入れてくれ、左の戦車は間隔をもっとつめさせろ、と大きな戦車を動かして思うような位置に持ってこさせ、構図が大体いいとなったとき、今度は一斉にエンジンをふかして白煙を出してほしいと指揮官に注文したんです。あれには驚きましたね」

そのようないきさつで迫力あるシーンができ上がったのだった。『FRONT』の誌面では上のほうに別な遠い写真が合成されて、さらに数を多く見せている。またこれは二枚の縦位置の写真が見開きに並んでいるのだが、レイアウトのテクニックで一見して一枚写真のように見え、さらにその効果が強められているのである。

この写真は『日本写真史 1840-1945』（日本写真家協会編／平凡社）の「広告と宣伝」の中に大きく取り上げられたことから有名になり、合成写真の見本のように、その後もしばしばマスコミなどで取りざたされることが多かった。評判になるにつれて話に尾鰭がついて、なかには一台しかなかった戦車からでっちあげたものだ、などという人も現われて、真に受けてしまうマスコミ関係者もあり、真相から遠くなるばかりであった。合成写真については後の章で述べるが、これは宣伝写真として当時それほどめずらしい技術ではなく、現在でも広告写真やテレビのコマーシャルではよく見かける類のものである。

『FRONT』は潜水艦で運ばれた?

一九四二（昭和十七）年初め、「海軍号」「陸軍号」が相次いで発行され軍に納入された。前にも述べたが、東方社は軍事予算で運営されていたわけではなく、『FRONT』などの製品を買い上げてもらう形で経営していた。その納入先は必ずしも参謀本部だけでなく、各部隊や出先機関に個別に送られることもあったようだ。したがってそれから先の配布方法に関してはほとんどわかっていない。

「海軍号」も海軍でどのくらい買い上げたのかも不明である。ただ緒戦の華々しい戦果で気をよくしていた時期でもあり、内外の評判もよかったことから、これをぜひ国内にも配布したいという要望もあって、八月に日本語版が内容を一部手直しして五万部増刷された。誌名は創立当時の案にのっとって『大東亜建設画報』と変わり、定価一円八十銭、発行者は日

●唯一の国内版『大東亜建設画報』表紙。1942年8月刊

本電報通信社（現・電通）出版部、編集名義人は総務担当理事の杉原二郎になっている（これは岡田を始めとする理事が、対外宣伝という建前を崩したくなかったためだと思われる）。

ソ連とはこの後敗戦直前まで中立を保っていたから、相当量が送り込まれていたと思われる。のちに東方社総裁になった建川美次中将は、開戦時ソ連駐在日本大使としてモスクワにいたが、一九四二年三月、離任の挨拶に外相モロトフを訪問したとき、その机の上に意図的であるかのように『FRONT』ロシア語版がデンと置かれているのを見たという。これは出来たばかりの陸軍号だったと思われる。

このころソ連はドイツ軍とスターリングラードで死闘を繰り返していたときで、日ソ両国とも長年の仮想敵国同士でありながら、手を出せない状況にあった。こうした状態だったからソ連との交流はあっても、シベリア・東欧経由でヨーロッパ各国に『FRONT』を運ぶことは不可能だった。また日本とアメリカが参戦した後は海路もすべて戦場となり、船で中立国へ行く手段も閉ざされていたはずである。しかし、あとでわかったことだが、このころ『FRONT』は中立国やドイツなどの枢軸国側ばかりでなく、敵国である英国にも少数だが渡っていた形跡がある。

これについてヨーロッパへは潜水艦で運んだという説が、当時東方社内部でも流れ、関係者の間で今も信じられている。

「戦時中ドイツと日本の間では定期的に潜水艦による連絡便があり、『FRONT』はこれに積んで中立国のトルコに揚げ、帰りにはライツ社のカメラや引伸機を運んだ」というのがそれである。

しかし、これには疑問がある。当時日本とドイツ・イタリアの間で、何らかの方法で連絡をとることに努力を払っていたことは確かだが、潜水艦といえども英国海軍の押さえているジブラルタル海峡を突破して地中海を横断し、最奥のトルコの港に入るなど、まず不可能であろう。仮りに往路はなんとかたどり着いたとしても、当然日本の潜水艦が入ったことはキャッチされ（当時の中立国は連合国と枢軸国双方の情報合戦の場であった）、港を出たとたんに撃沈されたことは間違いない。

この潜水艦による連絡便のことを書いたノンフィクション『深海の使者』（吉村昭／文春文

●「陸軍号」冒頭の展開。開戦前に編集がほぼ終了していたため，〝アジアの守護者〞としての日本の立場が強調されている

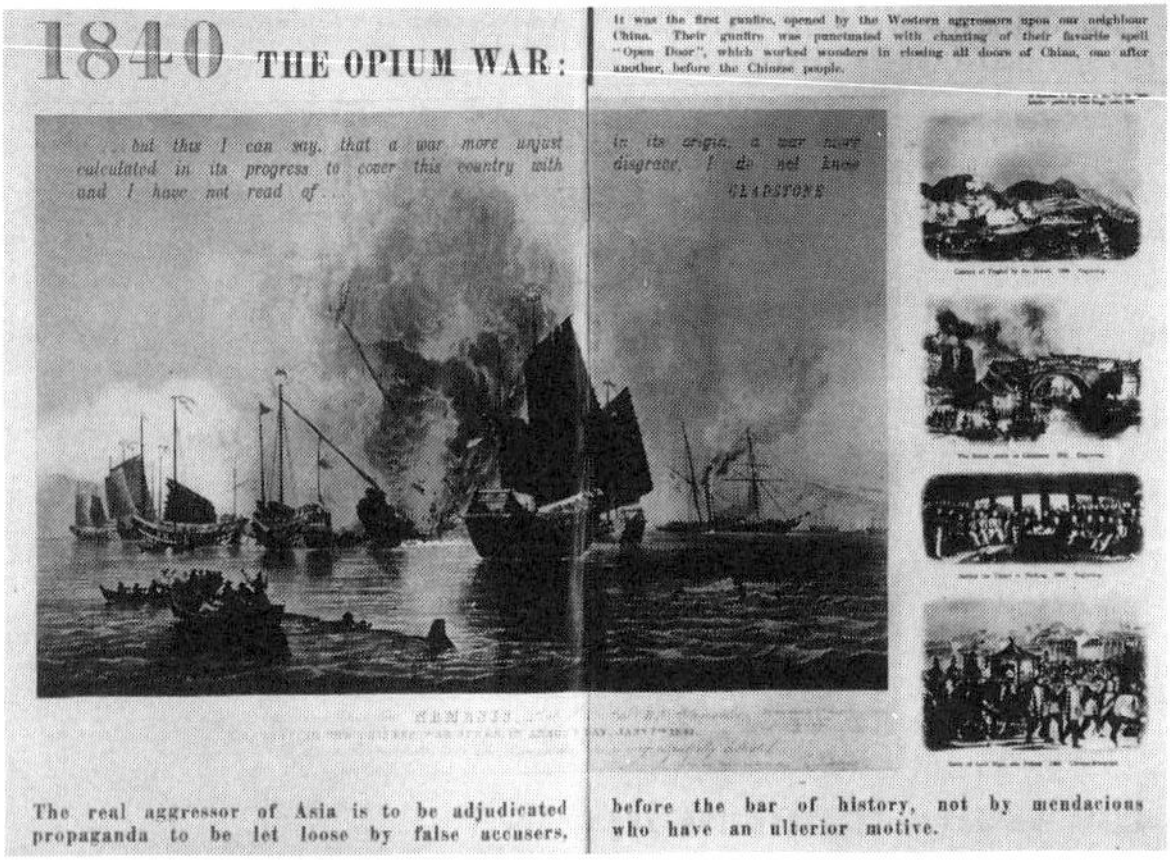

●「陸軍号」。アヘン戦争を始め欧米のアジア侵略を歴史的にたどる

●左ページ上端は切り取られており，前の見開きの〝1840 THE OPIUM WAR:〞がここでも共通のタイトルになる

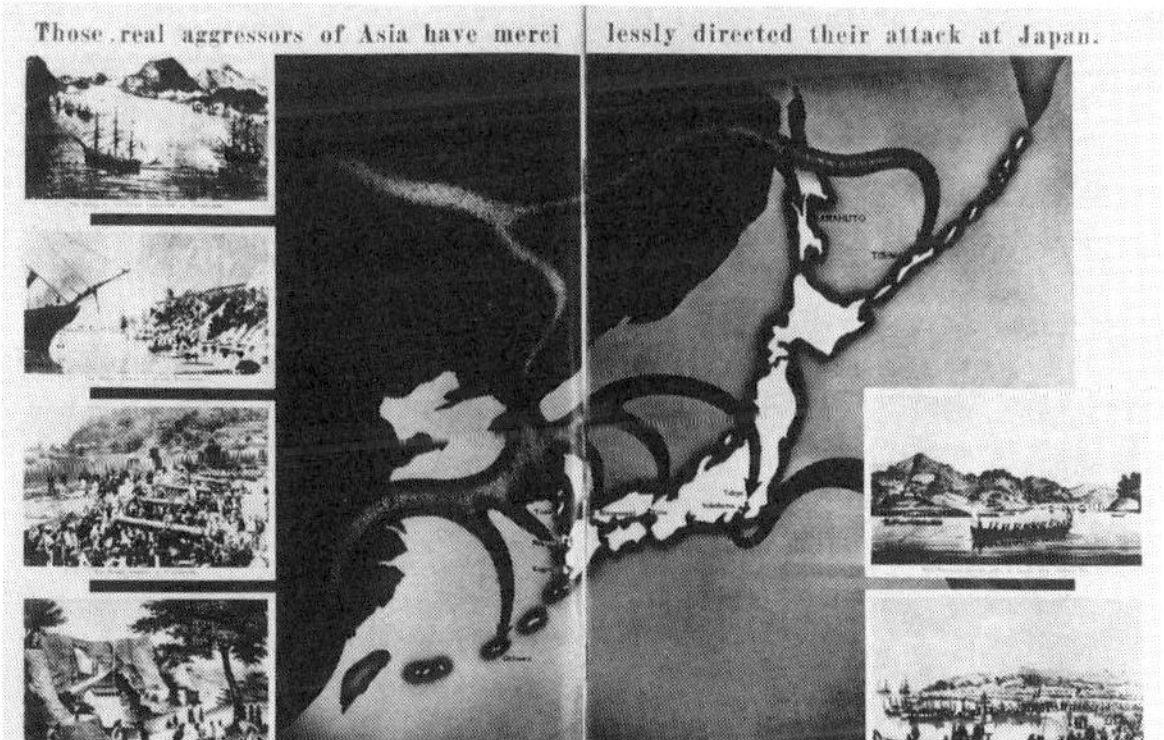

●ヨーロッパ各国の資料を引用し，侵略が日本に及ぶさまを視覚的に構成

●「陸軍号」より。アナトール・フランスの言葉を借り，日露戦争を欧米各国に対するアジアの反撃の第一歩と位置づける

●歴史を振り返ったのちに，兵士の集団を登場させ場面を現在に切り替える。整然たる隊列は軍の統制力を暗示する

●靖国神社参拝。次の見開きは騎兵隊の閲兵行進の場面で，そこを開くとカンノン開きの4ページに観兵式における昭和天皇の姿が現われる

●こうした軍需工場の内部写真は，国内では発表が許されなかったが，生産ラインを隠すため手前に人物写真を合成レイアウトした

●「陸軍号」より，ラストに近い開戦後に追加編集された部分。ここも上端が切り取られ，同じタイトルで場面のみが変わっていく

●戦車学校での演習場面に，観兵式におけるデモンストレーション飛行をエアブラシで合成したもの

庫）には、日独双方の乗組員の苦労がよく描かれている。これを読んでみても、ケープタウンから先は敵の制海圏下にあり、ドイツの占領下にあった大西洋岸のフランスの軍港ブレストやロリアンに入ることは並み大抵のことではなかったようだ。大部分は往路や帰路に敵艦の襲撃や事故にあい、日本の潜水艦もUボートも、無事往復できたものはわずかしかなかったという。そのような効率の悪い輸送手段で、陸軍のつくった重くかさばる宣伝物を運んだであろうか。おそらくこれは一九四二（昭和十七）年秋、最初にフランスの軍港に入港した伊号第八潜水艦が、重要書類とともに数冊の「海軍号」などを運んだというのが実相ではないかと思われる。

しかし、敵味方を問わずヨーロッパの国々にまで『FRONT』がわずかでも渡っていたとすれば、おそらくシベリア鉄道経由で中立国トルコの日本大使館に運び、そこから外交ルートを通じて各国に運ばれたというのが真相であろう。また当時日本軍の占領下にあった中国の上海は、敵国をも含めて外国に通じる裏口でもあった。上海に運んだ『FRONT』は、すぐに地下組織を通じて国民政府側に渡り、そこからインド・中近東経由で英国に行ったり、またビルマ経由の援蔣ルートで、重慶に入っていた米軍の手に渡るのはいとも簡単なことであった。上海にいた陸軍の特務機関が、そうしたルートを意識的に使って、敵側に配布をはかったことも十分考えられる。

原弘は一九四三年と四五年に上海に渡っているが、そこで知りあった中国人が『FRONT』を以前から見ていて、頑として「あれはアメリカで印刷したものだ」といってゆずらなかったという話もある。どういうルートをたどったかはわからないが、連合国側の手に渡っていた量は意外に多かったのかもしれない。

「落下傘号」と原弘のレイアウト

三冊目は「満州国建設号」が予定されていたが、北方の地でもあり、満州の撮影は夏にならないと本格的に取りかかれない。一九四二（昭和十七）年の春は、さらに先の号のための航空部隊関係や軍需生産の工場撮影が多かった。初めから重いテーマのためにダブルナンバーが続き、刊行のテンポは全体に遅れ気味だった。

この年の二月、日本軍はオランダ領のスマトラ島パレンバンに、陸軍の落下傘部隊を降下させ石油基地を占領した。落下傘部隊があることは秘密になっていて、このとき初めて公表されたのだったが、緒戦の戦果に酔っていた国内では、さっそくに「空の神兵天下る」などという軍国流行歌が作られ歌われていた。東方社でも陸軍航空本部からの要望もあり、急遽これをテーマに一冊まとめることになった。

降下部隊の訓練基地は宮崎県にあった。菊池・関口両写真部員が派遣され、約二十日間の泊りこみの撮影を行った。この密着コンタクトを見た原は、写真構成の展開をドキュメンタリー映画風にまとめることを編集会議で提案し、まず台本なしに視覚演出に入り、レイアウトを先行させて、写真を原寸大に引き伸ばして「紙芝居」をつくった。これを見ながら林達夫がナレーション風の文章を入れたのだった。

この「落下傘号」はストーリーが単純であったせいで、ページ数も少なく珍しくシングルナンバー［7］になっている。写真構成はスピーディで動きがあり、途中には下半分だけのページをつくったりして、立体的なレイアウトが試みられている。これは“USSR”とは違った雰囲気で、映画を印刷物にしたような展開を見せている。原弘独自の創意が発揮された最初の仕事であった。表紙は降下中の落下傘が大きく斜めに入れられ、単純な構図だけに力強い効果をあげている。これは小川がエアブラシを使って着色した写真からカラー分解製版した。

なかのレイアウトでは、動きを強調するために、見開きいっぱいのモンタージュや、切抜

シーンは同じ面が見えている

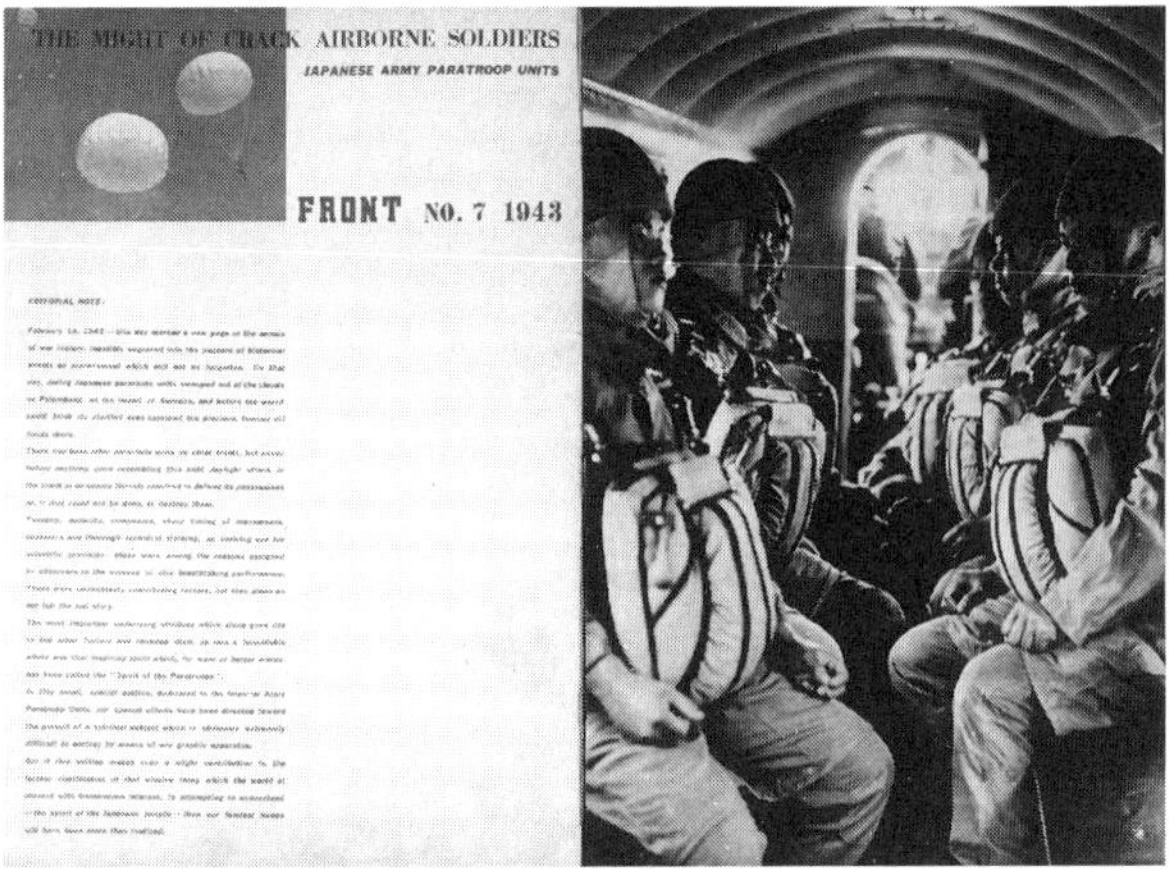

●「落下傘号」冒頭の見開き。降下直前の緊張感を静かなレイアウトで表現し，次に続く躍動的場面と対比させている

●「落下傘号」より。左から右へ展開。下半分のみページが開かれてゆき，上の跳躍

●上の３見開きに続く場面で着地後の落下傘操作訓練。この写真は合成ではない

Landing!
And the "blitz" is on.

●「落下傘号」より。手前の人物は貼込みによる合成。小川寅次は動感のある写真を合成するのがうまかった。超広角レンズのなかった当時，こうした場面をつくるにはモンタージュだけが頼りだった

き写真を白バックに連続して並べるという手法を駆使している。このレイアウトをやっているときの原は楽しそうであった。おそらく長年あたためてきた手法が、実現できることの喜びだったのであろう。これは原にとって会心のレイアウトだったのではなかろうか。

　またこれまでの号がグラビアインキの色を変えたり、二色刷のページを設けたりしているのに対し、この「落下傘号」は映画風な展開を意図したのかセピア一色である。そして最終見開きでは空いっぱいに広がって降下する落下傘部隊の写真を青インキで刷り、次のようなナレーションが入れられている。

Over alien soil, hostile territory on
　a glorious mission, bringing new life, hope for better things, to die, if need be, for
　the resurrection of Asia and for
　　those ideals which alone hold promise for a truly happy,
　　　　　　free and prosperous New Asia!

海外取材始まる——「満州国建設号」

北方の地・満州は、冬が長く厳しく夏は短かった。九月に入れば夏から一足飛びに冬になる土地である。したがって撮影は六月から八月ぐらいに限定される。一九四二（昭和十七）年夏、写真部は木村伊兵衛部長を先頭に、主要なメンバーが満州に渡った。この年は満州国建国十周年にあたるので、祝典が首都の新京（現・長春）で行われることになっていた。

木村はこの式典の様子と、新京、奉天、ハルピンなどの街を主に取材し、濱谷は黒竜江省黒河のソ満国境にでかけ、シベリアをにらむ砲兵陣地などを撮影した。大木は内蒙古のホロンバイル、ハイラルなど西部地区を、菊池は開拓村など農林業関係を担当した。当時満州に入るのに旅券は不要だったが、ハルピンから先の撮影には、ここの憲兵司令部の許可証が必要だった。そしてこうした北辺の鉄道では、車窓からの風景は、常時ブラインドを下げさせていっさい見せなかった。

当時の写真部員は四十歳の木村を除けばすべて二十歳代で、若手最年長の濱谷でも、そのときまだ二十七歳であった。その他のスタッフも皆二十代半ばの青年ばかりだった。しかし腕を見込んで集められた人たちだけに、飛行機・戦車・潜水艦などに搭乗しての過酷な取材や、初めての外地撮影にもかかわらず優れた写真を撮っている。ただ宣伝写真のノウハウを急いでつめ込まれた気味もあって、人物の撮り方などに“USSR”風の画一的なパターンが

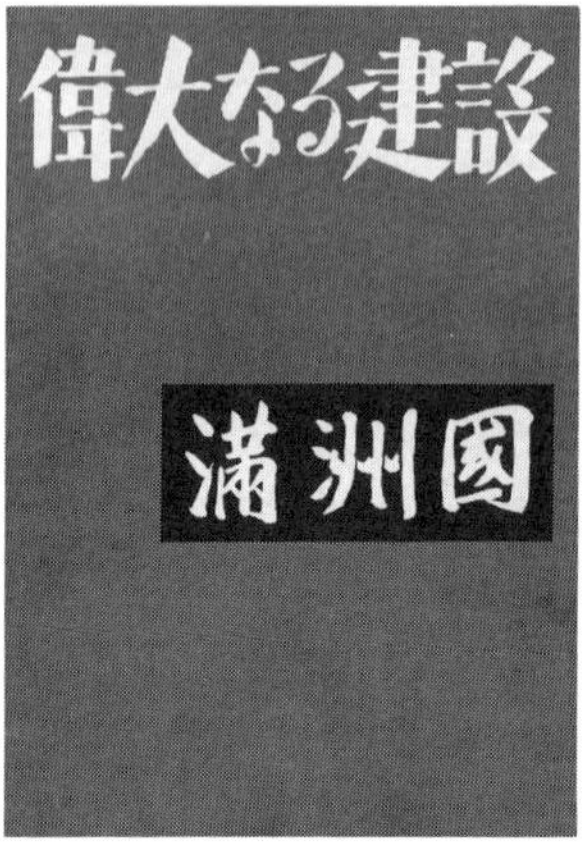

●満州国向け・日本語版「満州国建設号」表紙。赤と黒の力強いデザイン

見られるようだ。今の報道写真から見ればいかにも紋切り型を感じさせるものもあるが、しかしこれは『FRONT』が宣伝物であることを前提にしているからであって、彼らの腕のせいではなかろう。営業写真にしろ新聞社のニュース写真にしろ、ほとんど大型カメラが使われていた時代に、ライカという小型カメラを駆使して、A3判という大判の印刷物に耐える作品をつくった技術は、戦前の写真技術水準をはるかに超えていたことは確かである。

「満州国建設号」は秋に取材を終え、発行は翌年三月になった。これもダブルナンバーで5-6号である。この号の編集担当はロシア語の田村清吉であった。これも日本語版がつくられたが、これは満州国での販売を見込んだもので、満州書籍配給会社が発行所になり定価三円と表示されている。一九四四（昭和十九）年に総務部の井筒有《たもつ》が満州に出張しているが、これは集金旅行だったという。ハルピンの特務機関などにも行き、当時のカネで数万円単位で集めたそうだから、相当な部数が満州で配布されたようだ。

表紙は二通りあって、満州国向けの日本語版と中国語版は、赤と黒のベタを使った力強いデザインで、“FRONT”の文字はなく「偉大なる建設（中国語版は“偉大的建設”）満州国」という、原の手による書き文字が表紙いっぱいに入れられている。その他の地域向けの表紙は、満州の広漠たる大地を空から撮った写真を、セピアで刷り込んだ地味なものであった（八五ページ）。配布対象によって表紙を変えたのは、このころすでに中国や南方の占領地域に対する、宣撫工作的配慮が必要になりつつあったためであろう。

6 内外の危機に揺れる東方社

●「鉄号」表紙。八幡製鉄所の溶鉱炉。グラビア２色刷

“VICTORY”と「風と共に去りぬ」の衝撃

一九四二（昭和十七）年も終わりに近いころだったと思うが、参謀本部からアメリカの国家宣伝雑誌が回ってきた。“VICTORY”という誌名で、政府か軍からの委託でタイム社が編集したものらしかった。外国および戦場の米軍将兵向けにつくられていて、判型、レイアウトなど“LIFE”を、広告を入れずに再編集して、薄く仕立てたという感じであった。

どういう経路で参謀本部が入手したかわからないが、南方各地は日本軍がすでに占領していて、開戦後のこうした雑誌は入らなかっただろうから、ソ連などの中立国経由か、重慶→上海の裏ルートからの入手だったと思う。

戦時中の国家宣伝だからその内容は大同小異であったが、真珠湾の被害など隠すことなく、むしろその修復状況をさりげなく出して、「たいしたことはない」ということを印象づけていた。

だが社のスタッフが最も衝撃を受けたのは、内容ではなくその用紙の薄さであった。すでに戦争が始まって輸送状況が厳しくなる中で、『FRONT』の重さが問題になっていたときだ

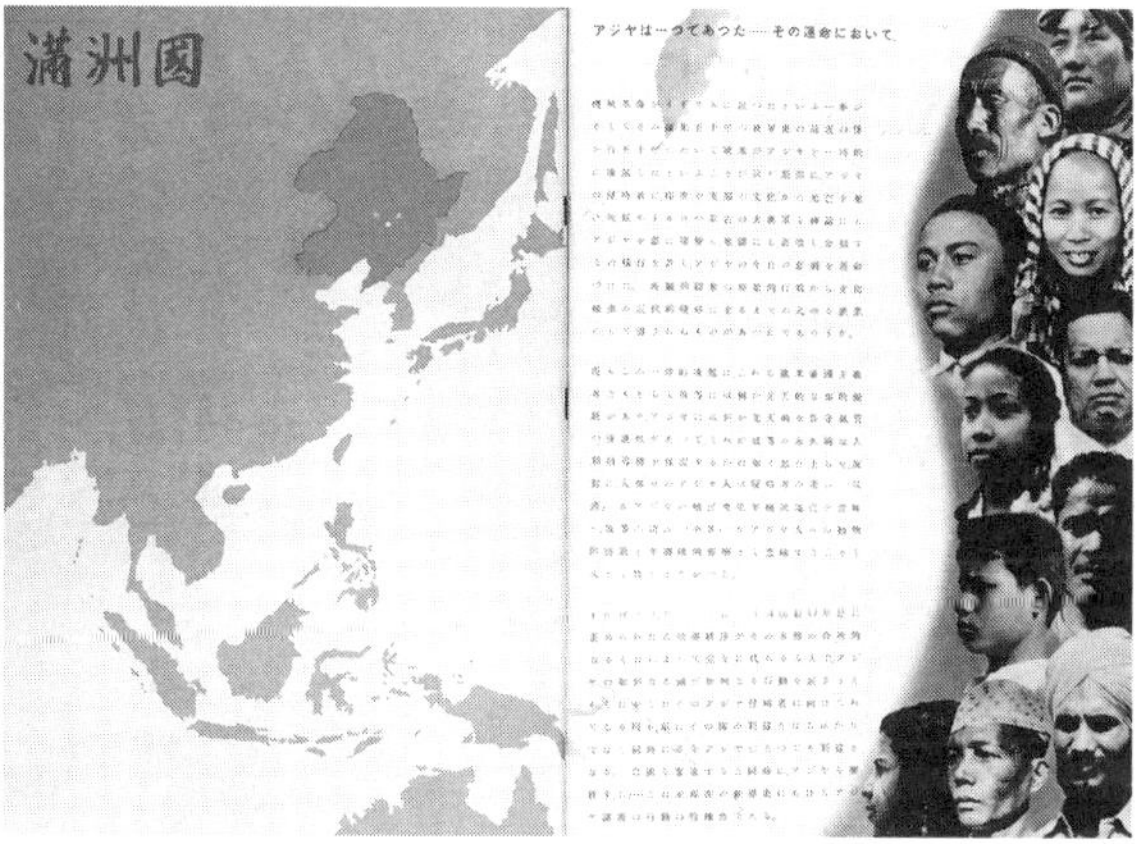

●「満州国建設号」冒頭の見開き。「アジヤは一つであつた——その運命において」のタイトルと満州に住む民族の顔を並べ，五族協和をうたう

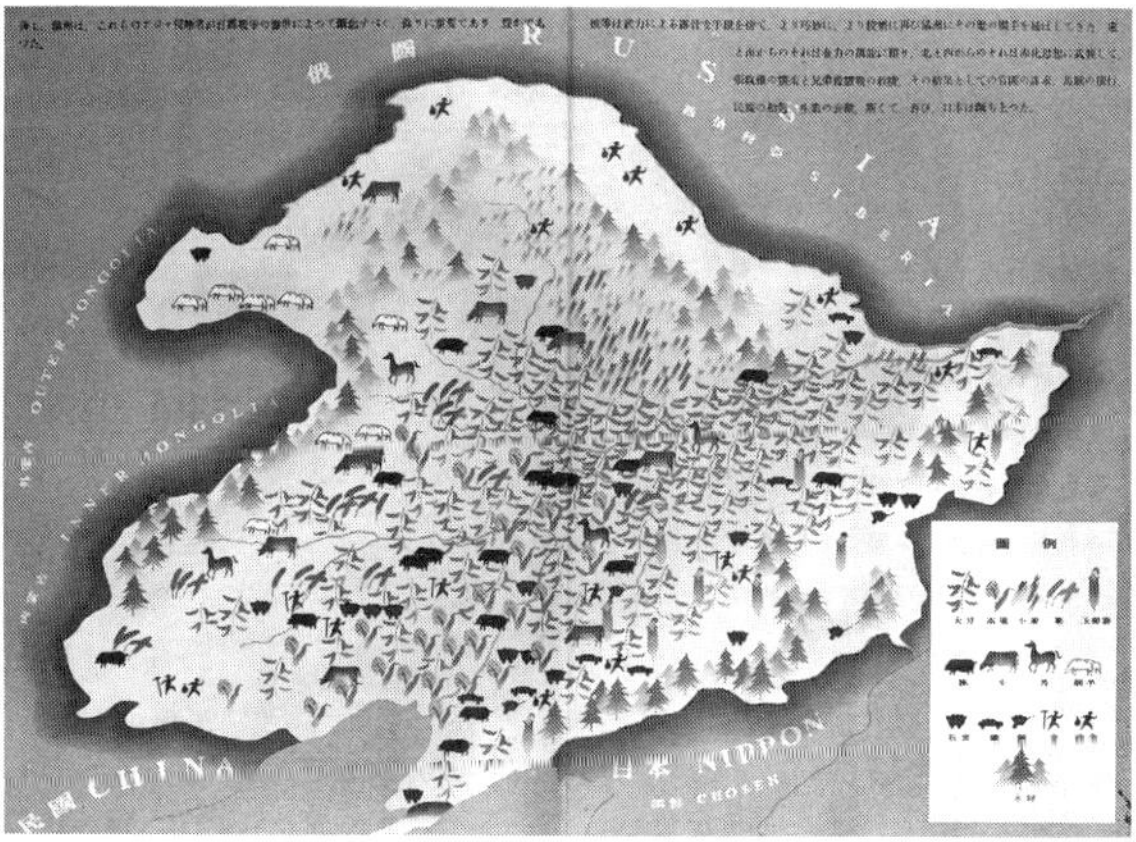

●「満州国建設号」より。満州国資源地図（カラー4色刷）。上にめくると，4ページ大の誌面に満州国国旗掲揚のシーンが展開する

めに構成案のスケッチがつくられ，それに基づいて各地で撮影された

●「満州国建設号」より〝五族協和〟。ローアングルの笑顔の写真は，初

●「満州国建設号」より。ハルピン市街の平和な雰囲気を演出するため，動きのある写真や切り抜きの人物がレイアウトされた

●松花江発電所建設現場。重厚感と強さを必要とする場面では，画面を切りつめ写真を角型のまま使う

滿洲國は、一切を擧げて、大東亞戰の完遂に協力してゐる。

●鞍山製鋼所。逆光撮影や望遠レンズの使用は，宣伝上見せたくないものを省略し，主題を強調する効果がある

●鴨緑江に完成した水豊ダム。見上げるアングルは人物ばかりでなく，風景や建造物でも偉大さを暗示する

けに、ショックはいっそう大きかった。この“VICTORY”に使われている紙は、コンサイス辞典の紙を少し厚くした程度でありながら、両面に写真を印刷しても、あまり裏抜けのしない印刷用紙であった。今考えると、最近日本で週刊写真雑誌に使われはじめた、軽量コート紙といわれるものに似ていたと思う。これはまさに航空輸送を前提にした宣伝物であった。「いや参った。負けたな」と大声でいったのは写真部長の木村だったが、他の誰もが同じ思いであった。ロシア的な重厚さを特徴とする“USSR”を範としてスタートした『FRONT』は、戦時になって弾薬や物資を優先させる輸送状況の中では、その重量と大きさが災いして、輸送と配布が意のままにならなかったのである。

緒戦のハワイ・マレー沖での日本海軍の戦果も、半年後のミッドウェー海戦の敗北も、すでに戦争の主役が航空機に移っていることを実証していた。宣伝物もまた航空機で運べるものでなければ、その用をなさなくなっていたのである。

同じころ、シンガポールで接収したというアメリカ映画「風と共に去りぬ」とディズニーの「ファンタジア」を、「対敵研究資料」という名目で参謀本部第八課から借りてきて、社の内部で映写したことがあった。

この二本は開戦前に制作されて、世界中に輸出されていたのだが、日本には敵性映画輸入禁止条例のため入っていなかった。東方社の人たちは職業柄映画好きが多く、特にアメリカで少し前に開発された、テクニカラーという方式の総天然色映画は関心の的であった。それまで日本の白黒映画しか見たことのない私はただ呆然とするだけであった。

ミッドウェーやガダルカナルといった前線で、米軍の新兵器や物量の恐ろしさを、身をもって体験している日本軍将兵の思いを、われわれも東京の片隅で感じたのだった。十年余の戦争を続けてあらゆる物資が欠乏している日本が、このような高度な科学技術を持ち、たった一年前から戦争に全力投入してきたアメリカを相手にしているのだと考えると、この戦争の先行きの暗さに誰もが暗い気持ちになった。

こうして私たち自身、この時点でアメリカの宣伝に負けていたのだった。

淡路事務所と駿河台分室

このころ参謀本部第八課から連絡将校として一番よく顔を出していたのは、恒石重嗣という参謀少佐であった。恒石は開戦直前、関東軍から参謀本部に転任してきた若手の参謀で、木村伊兵衛にいわせると「魚屋のアンチャン風」の、キビキビした頭の切れる将校だった。

恒石は一九四五（昭和二十）年まで、陸軍の謀略宣伝の中心にいて、特に短波による対敵宣伝放送に専念した。彼は一九七八（昭和五十三）年に『心理作戦の回想』という本を自費出版している。それによると、戦争さなかの対敵宣伝という仕事が課長以下十人足らずの将校で運営されていて、参謀本部には一般の軍隊のように手足となる兵隊がいなかったから、外部に民間人による実施機関をいくつか持っていたという。

そうした機関として淡路事務所と東方社、駿河台分室をあげている。淡路事務所は東京神田の淡路町に伝単（戦場で撒くビラ）制作部門として、一九四〇年夏から開設されており、漫画家の那須良輔、松下井知夫ら五人が嘱託として動員されていた。秘密を保つために、外部には化粧品会社の広告デザインをやっていることになっていたそうである。

駿河台分室というのは、戦前から自由主義教育で有名だった西村伊作の文化学院が戦時中閉鎖され、その駿河台にあった建物が空いているのを接収して、対敵宣伝放送の事務所にしたものである。

日本のアメリカ軍向けの戦場放送「東京ローズ」（正式名・ゼロアワー放送）が、太平洋戦線の米軍将兵の間で評判になっているのを知って、第八課では新しくアメリカ西海岸地方に向けて、「日の丸アワー」という反戦放送を計画していた。これには東南アジアの戦場で捕虜

●「満州国建設号」より。国境に近い北安の関東軍砲兵陣地

アジヤは一つにならねば
ならぬ――その目的にお
いて、その行動においてそ
の未來において、そして、
アジヤが眞に一つになる
時こそ、世界に新秩序の建
設が完成される時である

●「満州国建設号」のラストページは結氷した河に立つ国境警備の兵士で終る

になった、米・英・オーストラリア・オランダ各国の軍人・軍属の中から選び出した十二人が協力させられていた。こうした捕虜を収容するとともに、日本人関係者がここを事務所として使っていたという。

この対敵国放送については、当時これにかかわっていた池田徳真という人が、『日の丸アワー』という本を中公新書で書いている。また東方社創立にかかわった勝野金政も、ここのスタッフに名を連ねている。この事務所の表看板は「駿河台技術研究所」となっていたが、捕虜を収容していたこともあって、警備は厳重で常時憲兵と監視の兵隊が詰めていた。

恒石の『心理作戦の回想』は、元参謀の戦争記録だけに、豊富な調査資料をもとに解説されている。しかしなぜか東方社に関する記述には誤りが多く見られる。これは恒石が、一九四三（昭和十八）年以降、主にアメリカ向け謀略放送に専念していたことによると思われるが、東方社を淡路事務所や駿河台分室のような直轄の機関と同列に扱っていることや、それでいて後に迎えた建川美次中将を「社長」と書いているのは、東方社に関してはあまり関心がなかったか、資料が集められなかったせいと思われる。その文中に「落下傘号」の表紙が載せられているが、これには「現存している『FRONT』の唯一のものである」という説明が付されている。

カメラは無事か――濱谷辞職と動揺する写真部

東方社で制作する宣伝印刷物はすべて写真主体でつくられていたから、社員の中で写真部員は数も多く、若い男が大勢いたので、賑やかで活気もあった。すでによその会社や新聞社で写真家としてやってきた連中だから、一匹狼的な者が多く、部長の木村も、まとめるのに苦労したようだ。それまでいた中央工房は組織といっても仲間同士だったから、なあなあでもよかったが、東方社ではそうはいかなかった。戦争末期のころは二、三十人もの大所帯になっていたのだが、それにしても職人気質の木村に、部長という責任ある立場がよく続けられたものと思う。しかし、このときの苦労がよほど身にしみて懲りたのか、戦後はずっとフリーを通して、以後組織の責任者になったことは一度もなかった。

当時写真部員は杉原総務部長が上海から購入してきた機材を主に使っていたが、ライカはそのころ日本にまだ正式に輸入されていなかった最新型のⅢBで、交換レンズもズミタールf2・50ミリ、ヘクトール73ミリ、エルマー35ミリ・90ミリ・135ミリなどが、数本ずつそろえられていたという。また、ローライフレックスはⅡ型のイエナーテッサーf3.5つきだったと、林や菊池はいっている。こうした機材は戦争が始まってしまったので、補充のきかないものばかりだったから、のちに空襲が激化してからは、撮影要員が分担してあずかり大切に扱っていた。

写真部員は飛行機や戦車に同乗したり、軍需工場で撮影するなど厳しい条件が多かったし、外地に出るときは戦場になっている地域を軍用機で飛ぶのだから、危険は絶えずあったはずである。しかし戦後の広島・長崎の原爆被災地の取材に至るまで、幸運にも大きな事故は一度もなかった。だが二年目の暮れにちょっとしたアクシデントが起きた。

陸軍航空隊の訓練を取材に行ったとき、写真部でも最年少の飛行機好きの部員が助手として撮影について行き、たまたま希望して同乗した飛行機が故障で不時着し負傷した。彼はカメラをしっかり抱いたまま気絶していたというのだが、会社側は彼に撮影を命じたわけではないから治療費は出せないといったらしい。そうこうしているうちに、事故の報告が入ったとき、杉原総務部長が真っ先に「カメラは大丈夫だったか」といったという噂が流れ、そういうことでは危険な撮影はできないと、若手の写真部員が怒り出して木村部長を突きあげた。

ふだんの木村は、下町気質の気さくさと、軽妙なおしゃべりで部屋の中になごやかな雰囲気をつくっていたのだが、事がこういう面倒なことになるとオロオロしてしまってら ち が あ

●「陸軍号」の取材写真より。陸軍浜松飛行学校の訓練風景

かない。若手の中でリーダー格だった濱谷は、それでは自分が代表になって、理事長にかけあうしかないと、岡田のところに行ったという。ところが岡田は気短のうえに歯に衣を着せないところがあり、濱谷も東京下町育ちの一本気なので、交渉しているうちに、たまっていた写真部の不平不満の抗議となってしまったと、濱谷はその著『潜像残像』で、そのときのいきさつを回想している。

その結着がつかないうちに、濱谷は陸軍報道部に呼び出されて、南太平洋の前線ラバウルに報道班員として従軍するようにいわれた。そのころニューギニア戦線では、ガダルカナルの撤退以後日本軍は敗戦続きで、今行けば生きて帰れるところではなかった。

「これは岡田理事長の仕組んだ陰謀に違いないと思ったので私は断わった。私は日本内地で私がやらなければならない仕事がある趣旨を言って断わった。山口少佐は別に強制するでもなく納得してくれた」（『潜像残像』）

こうして濱谷と岡田の間には決定的な亀裂が入り、濱谷は東京風の啖呵《たんか》を切って社をやめた。何人かの写真部員も一緒にやめるといったが、押しとどめて濱谷ひとりがやめた。今の人には想像もつかないかもしれないが、戦時中、二十代の男がフリーでいれば、徴兵ばかりでなく軍需工場への徴用が必ず来た。そうした一般徴用は、軍関係の仕事をしていない限り、逃れることはできなかったのである。だから濱谷が東方社をやめるにあたっては、相当の覚悟が必要だったはずである。

岡田理事長辞任――建川中将を総裁に

東條英機は開戦直前、軍人は政治に関与すべからずという明治以来の不文律を破り、現役の陸相のまま総理大臣となった。東條らの統制派が陸軍ばかりでなく、日本のすべての実権を握ることになったのである。参謀本部内でも、反東條と見なされる者は厳しい戦地に転出させられ、東方社創立にかかわった参謀たちも、次々といなくなっていた。

戦時宣伝への切替えがスムーズにいかなかったのか、一九四二(昭和十七)年中に発行された『FRONT』は「海軍号」と「陸軍号」だけであった。幸い「海軍号」の日本語版五万部の売上げがあったので、経営的には当座はしのげたが、先行きは暗かった。特にその大きさと重量のために、配布の難しくなっている『FRONT』に代わる宣伝物を、至急考えなければいけない状況だった。

こういう内部事情に加え、岡田と、参謀本部第八課の浅田中佐、恒石少佐ら担当将校の間は、前のようにしっくりいかなくなっていた。『FRONT』の生みの親ともいえる臼井茂樹大佐は、一九四一年三月に参謀本部を転出し、十二月の開戦時、ラングーン攻撃の空中戦で司令機に搭乗していて敵の集中攻撃にあい、戦死してしまった。臼井が参謀本部をやめるとき、岡田に「これからは風あたりが強くなると思うが十分気をつけて下さい」といい残したそうだが、それが現実になってきたのであった。

岡田が理事長を辞任した理由は、そのころ最も年少であった私などにはまったく知るよしもなかったが、それから三十年あまりを過ぎた一九七八(昭和五十三)年、自宅で療養中だった原を岡田とともに見舞ったとき、その辞任の理由を思いきって尋ねてみた。

「空軍号」あたりまではソ連を意識した編集がされていた。撮影・菊池俊吉

●「空軍号」冒頭の見開き。オホーツク海の流氷上空を飛ぶ00式軽爆撃機。

●「空軍号」より。当時，日本は正式には空軍を持たなかったので，陸海両軍の航空部隊を平均して収録している

●左側のページに撃墜・撃破した敵機の写真を数多く並べ，喜ぶ占領地住民の写真と対比させて宣伝効果を増幅

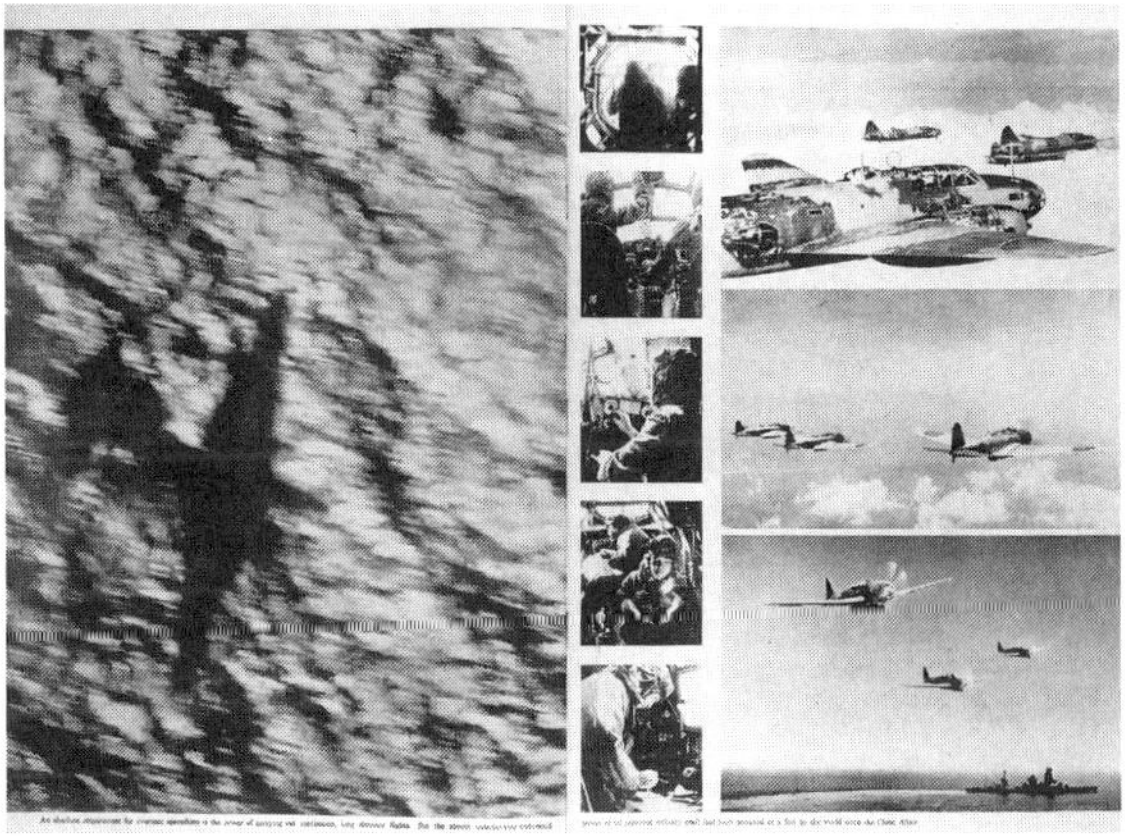

●飛行機の飛ぶ方向はすべて右向きにして，雑誌が視覚的に展開していく流れにそろえる。(右の見開きも同じ)

●ここも飛行機の向きを本文の流れる方向＝右向きに統　し，雑誌展開のムーブメントをレイアウトで強調している

岡田は口ごもりながらも、いくつかの理由を話してくれた。それによると、そのころ東方社は資金的にも行きづまっていて、もう一度財界から寄付をあおごうと岡田が奔走していたのだが、第八課の課長も担当者も創立当時とは入れ替わっていて、寄付や軍事献金などは受けないでくれと、すべて止められたという。このような資金問題のほかにも、軍の作戦が南方に重点を移したことから、岡田や勝野が当初から進めていた対ソ謀略宣伝の仕事が、軍の方針として必要でなくなったことも、やめる理由の一つだったかもしれない。

内部的にも理事の間がうまくいっていなかった。創立当時に岡田が関東軍の要請で始めた、蒙古語辞典のための蒙古語と日本語の対照カードづくりが、三階の資料室で服部四郎教授の手により進められていたが、そのやり方を恒石少佐から批判された。そのとき、岩波書店が経営困難になったのも、哲学辞典の準備に時間がかかりすぎたのが原因だった、と恒石がいったことから、岡田はてっきり林理事のさしがねと受けとり、東方社内部がこういう状態ではもう自分がいることもなかろうと、嫌気がさしてしまったという。

さらに身体的にも持病の糖尿病が悪化していたこともあって、辞任を決意したという。しかし創立者としての岡田は、五十人からの社員を、この戦時中に放り出すわけにいかないと責任を感じていた。創立当時面倒を見てくれた矢部忠太中佐からは、「飾りものになるよう

●大詔奉戴日の記念撮影。前列中央・建川美次。1943年12月8日

な予備役の将軍など連れてこないでくれ」といわれていたのだが、この際、自分のやめた後のためにも、参謀本部に対して押さえのきく人物を入れたほうがいいと考えた。そこで、かつて北方懇話会（軍部・財閥などで構成するソビエト問題研究会）で会ったことのある建川美次中将を訪ねた。

建川中将は日露戦争のとき、斥候隊を率いて敵中深く潜入して（『少年倶楽部』連載、山中峯太郎著『敵中横断三百里』のモデルとなった）、敵の状況を偵察するという功績をあげた。一九三六（昭和十一）年の二・二六事件当時は青年将校に人気があり、反乱将校の黒幕といわれた人物である。以前には参謀本部第一部長、第二部長を歴任しており、また開戦直後の一九四二年三月まで駐ソ大使もつとめていた。彼は反東條派でもあった。

話を聞いた建川は、「わかった、それでは担当将校をすぐ連れてこい」と岡田に命じた。突然のことで困惑する浅田三郎中佐は、大先輩である建川中将の前でコチコチになっていたが、建川はいきなり、

「いったいあれか、参謀本部は東方社をつくらせておいて、子供が生まれたからといって、庶子認知をしないというのか」

といったという。

突拍子もないたとえ言葉に、浅田中佐は困りはてて参謀本部に戻り上司に報告した。もともと直轄の機関ではないから誰をキャップにしようと東方社の自由であり、拒否するにも、なにぶん相手が陸軍の大物ではそれもままならず、岡田の思うつぼに事は進んだ。

その後、建川は東方社に来て理事や部長たち幹部と会い、東方社の雰囲気が気に入ったらしく総裁を引き受けた。たかだか五十人ばかりの会社で総裁というのも大げさだが、建川は駐ソ大使をやめてから、満鉄総裁や情報局総裁就任の話を全部断わっていたことから、それ以下の役名では失礼だと思ったからと岡田はいっている。

太田英茂、東方社再建に腕をふるう

参謀本部対策として、頭にかぶるカブトに大物が来たが、内部もこうしたごたごたから理事の間がうまくいっていなかった。理事長が辞任するので代わりを立てなければならないし、逼迫している資金も早急に丁面しなければならない。しかし創立当時の理事は学者が多く、組織を切り回せる人はいない。ただ一人経営にくわしい杉原二郎は編集や写真のことがわからない。

おそらく木村や原の考えだろうが、花王石鹼以来、何か事が起きると引っぱり出される太田英茂に、今回もまた再建の骨折りを頼むことになった。間もなく長身の太田の姿が、私のいる美術部と向かい合った理事室に見られるようになり、事務総長という肩書で各部の上に立ち改革を進めた。まず二代目の理事長には林達夫が決まり、理事では小幡操がやめ、新たに建川中将の私設秘書だった茂森唯士が入り、その友人で大阪でカレンダーの輸出事業を営んでいる山本房次郎が経営担当理事になった。

月に何回か理事会や参謀本部との連絡会が開かれていたが、私の席から見える向かいのべランダごしに建川総裁を中心に、理事たちと浅田・恒石ら参謀の姿が見られるようになった。それまでの会合では監督官の立場から理事たちと気楽に接していた将校たちも、建川が来るようになってからはガラリと変わって、コチコチになっているのがこちらから手にとるようににわかり、階級至上の軍隊組織は大変だなあと同情しながらも、何やら溜飲が下がったことも確かであった。

太田の改革は社員にも厳しく、今まで工房的な気ままな雰囲気を引きずっていたのを会社らしい組織に変えていった。太田はもともと、ものをつくる人を大切にする人だったが、写真部や美術部などの制作現場の環境に気を配り、総務関係の規律には厳しかった。このころから各部とも積極的に人員増加がはかられ、戦局の進展にしたがって仕事が出来なくなった、民間のさまざまな業種から、人材が続々と入ってきた。その中には戦局の緊迫化によって、治安当局の追及がますます厳しくなることが予想される左翼関係の人たちも多かった。

左翼演劇の山川幸世が、なぜか建川中将の推薦で入社したのもこのころであり、上海で中国共産党とともに反国民党活動をしていた浅川謙次も、刑務所を出所して間もなく編集部に入った。彼は、東方社では小泉と名乗っていた。同じく左翼と見られていた山室太柁雄は一九四四（昭和十九）年の入社である。美術部には後に召集された高橋錦吉と中野菊夫が、また私の同窓の村田道紀も入り、小人数だった部は賑やかになった。写真部には薗部澄や、大木実の友人・林重男が入り、ほかに企業整備で店をたたまざるをえなくなったカメラ店の経営者数人が、暗室要員として迎えられた。

●前列右から中島健蔵，林達夫，浅田中佐（推定）。後列右から鈴木清，岩村忍，茂森唯士，岡正雄，太田英茂。金富町社屋旧館理事室にて。1943年夏

この改革の後に中島健蔵が理事として迎えられている。中島は開戦直後に陸軍の宣伝班員として、多くの学者・文化人とともに徴用され、陥落直後のシンガポールで宣伝宣撫の仕事に従事させられていた。一九四二年暮れには帰還して大学に戻っていたが、学生の数は減り、いいたいことはいえず、書きたいことも書けない状態では、学者としてやることは何もなくなっていた。そんなある日、旧知の林達夫から電話がかかり、マレーにおける英国の宣伝について東方社で話をすることになった。

「そういう話をした後に、また林達夫から電話で、東方社の仕事を手伝ってくれと頼まれた。東方社は参謀本部と連絡があり、対外宣伝のぜいたくなグラフ雑誌を発行しているという。神がかりのばかばかしい国内宣伝とちがって、ほんものの文化をぶつけるのだという。徴用解除になっても『戦地帰り』がつきまとい、しかも、戦争前以上に情報局の干渉がひどくなっている。個人的にも、前以上に風当りが強いらしい。わたくしは、徴用のつづきのような気がした。東方社はたしかに参謀本部と連絡はあったにはちがいないが、実は、憎まれていたのであった。再組織しないかぎり、仕事はつづけられない状態だとわかった時には、もう遅かった。しかし、わたくしは、たちまち深入りしていった。一つには、謀叛気のある連中が集っていたのにひかれたのであった」（中島健蔵『昭和時代』／岩波新書）

7 軽量宣伝物『戦線』と、つくられた写真

●「華北建設号」表紙。紫禁城のレリーフ。グラビア3色刷

『戦線』のモンタージュ写真

アメリカの"VICTORY"を見るまでもなく、この戦時状況では、もっと小回りのきく軽量印刷物をつくらねばならないのは、スタッフ全員も考えていたことであった。一九四三（昭和十八）年夏、社内のごたごたがようやく落ち着いてきたころ、『戦線』と名付けられた折りたたみ形式のパンフレットが盛んにつくられるようになった。これには新たに入った美術部員を交えて、全員が分担して取りかかっていた。

●「戦線―RECORDS OF VICTORY」表紙（A 5判）

『FRONT』は取材や編集に思ったより時間がかかり、刊行テンポが間遠くなっているうえに、戦争で配布先が限定されて、部数が初めの計画ほど見込めなくなっていた。そういう理由に加えて、『FRONT』がその重量と大きさで次第に輸送が困難になってきているこ

●「戦線―RECORDS OF VICTORY」第2面。表紙を開いたところ

とから、小回りのきく宣伝物として『戦線』が考え出されたのであった。

約一年間、原弘の助手としてレイアウトのコピーや清刷貼込み、描き文字づくりといった下働きをやらされてきた私にも、テーマがまかされることになった。たかだか数えで二十歳になったばかりの若造であったが、地味な仕事ばかりで、なかなか一人前扱いしてくれないことに、くさくさしていたときだったから、私は大いにハッスルして飛びついた。

原の、部下に対しての教育のやり方は、初めは下積みの仕事をやらせながらじっと適性を観察し、ウズウズし出したところで、少々無理かと思えるようなテーマを与えるというものらしかった。一年間の観察でどうやら私は、レイアウトに向いていると見込んでもらえたらしい。仕事は新しく美術部に入ってきた村田や、編集部の八幡省三と組んでやるようにいわれていたが、私は何ヵ月も前からプランをあたためていたから、勝手に形式や材料選びを一人で進めてしまった。

『戦線』は、A全判、B半裁、A半裁の三種の大きさで、表裏とも二〜三色刷、写真はグラビア印刷またはオフセット印刷のダブルトーンを使った。これは折りたたみ形式のパンフレットで、開いていくにしたがって、展開するスペースが、倍、倍になっていき、最後には紙の大きさいっぱいのポスターになるというものであった。最初に出たのは、原のレイアウトによる「航空戦力」を宣伝する内容のものだったが、これだけは表紙にあたる第一面に「戦線」という文字が大きく入っている。当時『FRONT』の「空軍号」を編集中だったので、そこから抜粋して、いわば『FRONT』の普及版という形で、テスト的につくられたものだった。

●「戦線—RECORDS OF VICTORY」第3面。第2面を更に左右に開いたところ

●同・最終面（A 2判）

このシリーズが軌道に乗ってからは、表紙にはテーマのタイトルが英語または中国語で大きく入れられ、「戦線—BATTLE FRONT」の文字は片隅に小さく入っている。しかしこの名称があまりおだやかでない印象を与えることを懸念したのか、敗色の濃くなった一九四四(昭和十九)年につくられたものには、それすら入らなくなった。

私が担当したのは「RECORDS OF VICTORY」という、緒戦以来の戦果を誇示する英文のものであった。サイズはA2判、たたんだ大きさはA5判で、表裏ともグラビア二色刷にした。表紙を開けたところに、開戦以来の戦果を、艦船と航空機のアイソタイプ(絵文字)で表現した。この面に使用した写真は接収した"LIFE"からの複写である。次をカンノン開きに開けると五枚の写真が現われる。右側の戦闘機「隼」のアップは、もちろんこんなアングルでは撮影できないから、地上で撮ったものの脚を、エアブラシで消して貼り込んだ。極端に傾けてあるのは、レイアウト上の演出効果からである。

また同じ面の左上の写真、ロッキードP-38という双胴の戦闘機が煙を出して撃墜されている場面は、小川の手をわずらわせてエアブラシで合成したものである。専門的に見れば粒子の状態が違い、手を加えた写真であることは一目瞭然で、新聞でよくやっている修整と同じ程度の出来であったが、この技術が後に国内の新聞発表用の写真に応用され、それが戦後になってから、謀略写真といわれて問題になった。

開き終わった最後の面は、壁に貼って展示してもよいように、ポスター効果を要求される場面である。ここには飛行場を爆撃中の、双発の九七式軽爆撃機の写真が大きく載っている。ベースになっているのは中国戦線で撮った本物の爆撃場面であるが、それだけでは迫力が出ないので、別な爆撃機の写真を探し出してモンタージュした。低空爆撃中のこの位置に、写真を撮っている僚機がいるのは不自然だから、これも専門家が見ればすぐ合成ということはわかるのだが、占領地の一般の民衆が見れば、この飛行機が爆弾を落としているように思ったであろう。

謀略写真の顚末――空中戦はいかにつくられたか

東方社をやめた濱谷浩は、その後ある通信社の嘱託写真家として民間の仕事を続けていたが、一九四四（昭和十九）年一月のある日、新聞紙上に発表された写真を見て愕然とした。「一歩も譲らず・空の決闘――我戦闘機隊・敵機を撃墜（陸軍省検閲済）」という説明で、自分が二年前に所沢の陸軍飛行場上空で撮影した空中戦の演習の写真に、煙を引いて墜落する

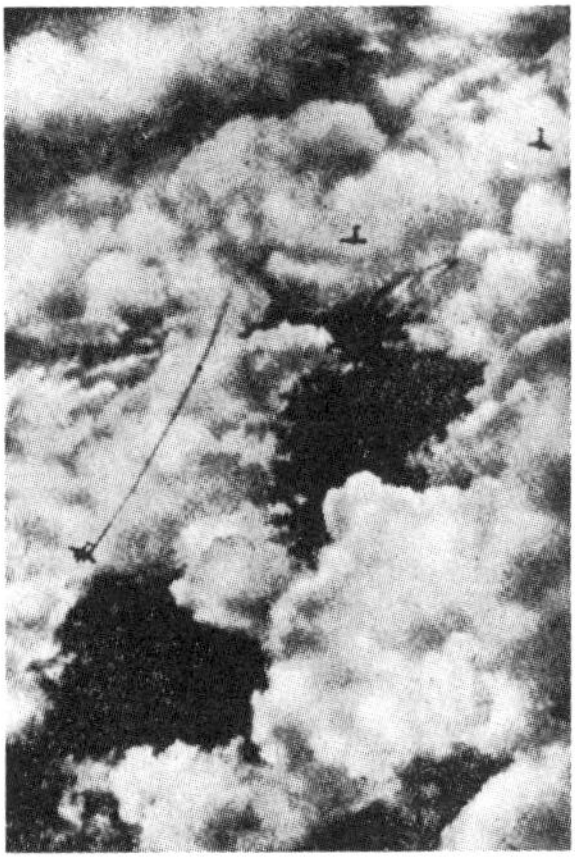
●1944年1月の新聞発表写真

●濱谷浩撮影の演習場面。所沢上空

P-38敵戦闘機が書き込まれているではないか。
「その時、私は東方社を辞めていたので、どういう手練手管で嘘ツキ写真が作られ、新聞社に配給になったかわからない。政府も軍部も国民を欺むくのは大義名分みたいに思っていたのでいたし方ないけれど、私の写真が一役買っているとなると心おだやかではない。戦後、私は、そのことを発表して、向後の自戒とした」(『潜像残像』)
と濱谷は自著の中で、写真の使われ方の怖さについて書いている。
この一九四三年暮れから一九四四年にかけては、ちょうど『戦線』の制作が盛んに行われていたころであった。ソ連の構成主義に始まり、原弘らが戦前に、万国博覧会の壁画などで採用した写真モンタージュの手法は、一九二〇—三〇年にかけて、最も新しい写真表現として世界的に流行していた。こうした技術は、『FRONT』やこの『戦線』でも大いに使われ、ポスター的な宣伝効果を発揮していたのである。

また「海軍号」の写真の修整で、その腕を東方社内部ばかりでなく、軍部にも見込まれた小川の技術は、ますます冴《さ》えてきていた。写真モンタージュの貼り合わせを、小川がエアブラシで修整しながらやると、そのつなぎ目があまりに自然であるために、合成であることがわからなくなるのであった。今日では、製版機械の最先端にあるレイアウト・スキャナーという装置を使うと、あらゆるカラー写真が自在に合成・修整されて、ときにはこの世にありうべからざる状況まで創り出すことができるようになった。だから今では、人目を引くことを第一に考える広告宣伝物では、この手法を盛んに使っている。当時はまだそういう便利な機械はなかったから、小川という、エアブラシの名人の腕だけが頼りであった。

『戦線』は折りたたみという形式だから、開いていくにしたがって展開のスペースは二倍四倍と広がり、最後はA全判やB半裁という大きな画面になる。この部分は、ポスターとして展示できるような効果が要求されていたことは前に述べた通りである。試作として企画されていた原担当の『戦線』の最終見開き場面に、迫真的なモンタージュ「空中戦絵巻」を入れて、ポスターとして使えるようにしようということになった。

この一見、一枚写真のように見える四角い画面の中には、敵味方、計七機の姿が入っている。この画面をつくるにあたって小川から、飛行機の形について私に相談があった。私はできるだけ資料をそろえ、それを複写し大きさを決めて、貼込みを手伝ったことを覚えている。左上の「隼」の写真は、写真部の膨大な密着の中から、ブレていてスピード感のあるものを探し出した。また米軍の飛行機はアメリカの雑誌を複写した中から選び出した。右下の四発の爆撃機は、当時南方戦線に出動していたボーイングB-17Eである。見る人が見れば、すぐに絵空事とわかる劇画風の画面であったが、制作の当事者たちは、迫真的なモンタージュ写真をつくることを楽しんでいたのだった。

●「戦線―航空戦力」表紙（B5判）

しかしこの『戦線』の写真を見た占領地の人たちは、これがもっともらしくできている

●「戦線—航空戦力」最終面モンタージュ「空中戦絵巻」。(A全判，2色刷)

だけに、実在の場面と思ったかもしれない。それは当時とすれば宣伝の効果として望むことであったが、結果として、架空の戦果を誇示することになった。写真を見るということが今ほど一般的でなかった当時、ここに写真の持つ〝怖さ〟があった。

当時東方社がこうした技術を持っていることは、国内の報道を担当している内閣情報局や、陸軍報道部の将校にも知れわたっていた。新聞に発表された捏造《ねつぞう》写真に関しては、それがつくられた状況を私は知らない。しかしベースになった写真が濱谷のものであり、私の関係した『戦線』の、いくつかの撃墜写真との近似を考えると、これは東方社でつくったものに間違いない。

●「戦線—ASIA IS ONE」。表面をA全判に広げた状態。左上が表紙（オフセット4色刷，他はグラビア1色刷）

JOINT DECLARATION

adopted by

ASSEMBLY OF GREATER EAST-ASIATIC NATIONS

IT is the basic principle for the establishment of world peace that the nations of the world have each its proper place, and enjoy prosperity in common through mutual aid and assistance.

The United States of America and the British Empire have in seeking their own prosperity oppressed other nations and peoples. Especially in East Asia, they indulged in insatiable aggression and exploitation, and sought to satisfy their inordinate ambition of enslaving the entire region, and finally they came to menace seriously the stability of East Asia. Herein lies the cause of the present war.

The countries of Greater East Asia, with a view to contributing to the cause of world peace, undertake to cooperate toward prosecuting the War of Greater East Asia to a successful conclusion, liberating their region from the yoke of British-American domination, and ensuring their self-existence and self-defence, and in constructing a Greater East Asia in accordance with the following principles:

1. The countries of Greater East Asia through mutual cooperation will ensure the stability of their region and construct an order of common prosperity and well-being based upon justice.
2. The countries of Greater East Asia will ensure the fraternity of nations in their region, by respecting one another's sovereignty and independence and practising mutual assistance and amity.
3. The countries of Greater East Asia by respecting one another's traditions and developing the creative faculties of each race, will enhance the culture and civilization of Greater East Asia.
4. The countries of Greater East Asia will endeavour to accelerate their economic development through close cooperation upon a basis of reciprocity and to promote thereby the general prosperity of their region.
5. The countries of Greater East Asia will cultivate friendly relations with all the countries of the world, and work for the abolition of racial discriminations, the promotion of cultural intercourse and the opening of resources throughout the world, and contribute thereby to the progress of mankind.

●同右・裏面。大東亜会議共同宣言採択のシーン。これもポスターとしての機能を持たせたデザイン（A全判）

THE COMMANDING POSITION FOR GENERAL ATTACK…
THE IRON BULL WORKS SUMMERY ATTACK ATTAINED
OUTRAGEOUS AMERICA AND ENGLAND SHOULD NOT BE ALLOWED AGAIN TO TREAD UPON THE NOBLE SOIL OF EAST ASIA.
NOW IS THE TIME FOR THE TOTAL FORCE OF ALL THE PEOPLES OF ASIA SHOULD BE COMBINED TO FIGHT FOR GLORIOUS TOMMOROW AND FIGHT OUT TO FINISH FOR THE YEAR OF DECISIVE VICTORY, AND TO GAIN THE FINAL VICTORY PROMISED TO US AND FIRMLY TO ESTABLISH THE GREATER EAST ASIA CO-PROSPERITY SPHERE.

●「戦線一アジアの兵器廠日本」最終面。A全判オフセット3色刷。英語版，中国語版の文字は後から刷り込んだ

これは推察だが、『戦線』に使われた空中戦の写真を見た陸軍報道部の将校が、この技術を使って〝敵機撃墜〟の写真をつくり、新聞に発表して国民の士気を鼓舞しようと考えたのではなかろうか。報道部→参謀本部→東方社というラインで依頼があったとき、当時の東方社の幹部に、報道写真として使われるのは不本意だといって、それを断わる勇気も力もなかったであろう。戦時という異常社会では、個人の思惑や良心など踏みにじって事が進行するのである。

しかしこの写真が新聞に発表された一九四四（昭和十九）年一月ごろは、すでに政府や軍の発表を、うのみに信ずる国内の雰囲気はなくなっていた。だから、これが報道部将校の思惑どおりに国民を一時喜ばせたとしても、乾いたのどに一杯の水を飲んだほどの効果も、あげえなかったことは十分察せられるのである。

太田英茂、東方社を去る

太田英茂を中心とする内部改革も順調に進み、参謀本部との関係も建川中将という〝カブト〟の威力か、岡田時代よりスムーズに動くようになった。二代目の理事長に就任した林達夫は、本来学究の徒であり、こうした組織の長に収まることは自ら望むところではなかったが、木村や原をはじめ、昔からの友人とともに始めた仕事だけに、内外ともに情勢の悪化している中で、岡田の後がまを逃げることはできなかった。また林達夫の弟、林三郎は陸軍中佐で、一九四〇（昭和十五）年当時からソ連担当の第五課にいて、なにかと陰から支援してくれていた。その林参謀は一九四三年十月の異動で第五課の課長に昇進した。そんな関係もあって、参謀本部側との関係修復のために、ひとまず理事長を引きうけることにしたのであった。

同じ十月の異動で第八課は格下げになって第四班となった。一九三七（昭和十二）年十一月に課として新設されてから、わずか六年目であった。戦場が南北に拡大されて、中央で現地の情勢が把握しにくくなってきたのに加え、このころは現地での宣伝や戦場で撒《ま》く伝単は、現地軍にまかせざるをえない情勢になっていたのである。もともと対外国宣伝は、平時にあってこそ威力を発揮できるのであって、戦争が激化した時点では、占領地の民衆に対しての宣撫工作や、対敵謀略宣伝にならざるをえなかった。

事務総長としての太田英茂は、林理事長はじめ残った幹部たちの性格や立場を十分のみこんだうえで、短期間にめざましい改革を進めていった。しかし、社内も新しい体制にようやく慣れて、『戦線』や『FRONT』の仕事が順調に動き出した一九四三年秋ごろ、なぜか太田の姿が突然社から消えた。

戦後約四十年を過ぎた一九八二（昭和五十七）年秋、太田は九十歳で亡くなったが、その翌年、私の社で発行している『E＋D＋P』という雑誌で追悼号を出した。そのとき花王石鹼時代の太田英茂のことについて、当時花王石鹼に在職していた水谷敏夫という人から、多くの情報を提供してもらった。その水谷が一九四三（昭和十八）年の秋、銀座でたまたま太田に出会ったという。そのとき太田は、

「近ごろ軍から満州国政府の宣伝担当責任者にならないか、寒いところが嫌なら昭南（シンガポール）に行って、世界情報を集めて海外宣伝の仕事をやってくれてもいいと、しつこく言われて困っている」

と打ちあけたという。

当時の軍のやり口としては、やり手で目ざわりな人間は、外地（満州国や中国・南方占領地）に回すことが常套手段であった（この手で東條英機はライバル山下奉文をシンガポールから北満へ、さらに米軍侵攻直前のフィリピンへと移動させ、内地にはついに戻さなかった）。軍が太田の宣伝の手腕を買ったのか、もしくはどうにも扱いきれないやつと見て追放をはかったのかは、今とな

●梓川村の太田家土蔵。太田はこの２階に書斎をつくり，ここで仕事をした

っては誰も証言できる者はいない。

この直後、太田は故郷の信州梓村（現・梓川村）に家族ぐるみ移った。戦時中、老人や子供は疎開するように政府に強制された。しかし一九四三年はまだそんなに切迫した情勢でなかったし、太田はまだ五十二歳である。疎開ではなかったことは確かである。水谷に話した言葉から推察すれば、おそらく軍からの半強制的な外地出向を拒否するために、理由をつけて故郷に帰ったものと思われる。

最近、その梓川村に元気で暮らしている太田夫人を訪ねて、そのときのことを聞いた。

「戦時中ここに戻ってきたときは、あわただしく東京を出発したので荷物もあまり持てず、見つかってはいけないマルクス、レーニン関係の本や資料など、ずいぶん焼きました」

と、当時の切迫した状況の中の苦労を思い出して語ってくれた。

若いうちに海老名弾正という著名なキリスト者の薫陶を受け、大正末期には海老名の創刊したキリスト教雑誌『新人』を社会主義雑誌に変貌させ、当時の社会主義団体新人会のメンバーにも多くの知人を持つ太田が、いかに戦時下とはいえ、時の政府や軍の手先になって全面的に外地で仕事をするのは耐えられなかったのであろう。東方社の改革は古くからの友人のためにやった。〝狼〟を制するのに、建川という〝虎〟の威を借る才覚もある。しかしそうしたことは、戦時という異常な社会でのぎりぎりの手段であった。もうこれ以上巻き込まれるのは嫌だ。これが、当時の太田の本音だったのではなかろうか。

太田はその後、一九五〇（昭和二十五）年まで梓村に留まり、慣れない炭焼きや米づくり、野菜づくりに専念した。その間、近郷の青年たちに、人間の生き方について強い感化を与えた。戦後のある時期には、米占領軍によるレッドパージで逃げてきた者をかくまったり、食糧難の都会から訪ねてくる友人知人に、自家の分の食糧まで渡してしまったという。

8 戦局悪化のなかの外地取材

●「フィリピン号」表紙。オフセット4色刷（人工着色製版）

華僑向け宣伝物のための占領地取材

一九四三（昭和十八）年春から一九四四年秋まで、写真部の海外取材が相次いでいる。〝濱谷事件〟の余韻が収まらない三月に、大木実がビルマ取材のために日本航空で昭南（シンガポール）に向かった。このころ、南方総軍の司令部が昭南に置かれていたので、ひとまずそこに出頭して、南方総軍の軍属としての身分証明書を発行してもらうためであった。そこで世話を焼いてくれたのは参謀部情報担当の草間という中尉だった。草間中尉は辻政信参謀の息のかかった人で、陸軍中野学校の出身だという。そこで受け取った旅行券には行き先は何も書いてなく、適当に書き込んでいいということだった。これを持っていると、占領地の旅館・ホテルはすべてタダになった。大木は昭南からバンコクに飛び、さらにビルマ（現・ミャンマー）のラングーン（現・ヤンゴン）に入った。そのころすでにビルマ戦線の制空権は英軍に握られていて、空路は非常に危険であったという。

●華僑向け『戦線』（表題なし）より。B５判を２回左右に開いた第３面

この年の夏には菊池と関口、それに編集部員一人が同行して、フィリピンに向かった。これは夏に予定されている独立記念行事を撮影するためであった。またそのころ部長の木村も、新しく入社した林重男を伴って華北方面に出かけている。木村はもっぱら街の周辺で撮影し、林は太原、天津、青島などの農村地帯を回らされたという。農家の中国娘に宣伝用の写真撮影を頼んでも、表情が硬く、なかなか笑顔を見せず困ったと林は語っている。

当時日本政府は占領各地に独立権を与えるべく、指導者の中から親日派の人間を選んで独立の準備をさせていた。しかしマレー（シンガポールを含む）とインドネシアは、ゴムや石油という戦争資源が豊富なため、直轄の領土ということ

●ビルマ向けに制作された『戦線』。表紙A５判，最終面A２判。この時点ではビルマ文字の写植文字板ができた。グラビア２色刷

●東南アジア在住のインド人を，ビルマ戦線に動員する目的でつくられた『戦線』。表紙B５判，最終面B２判

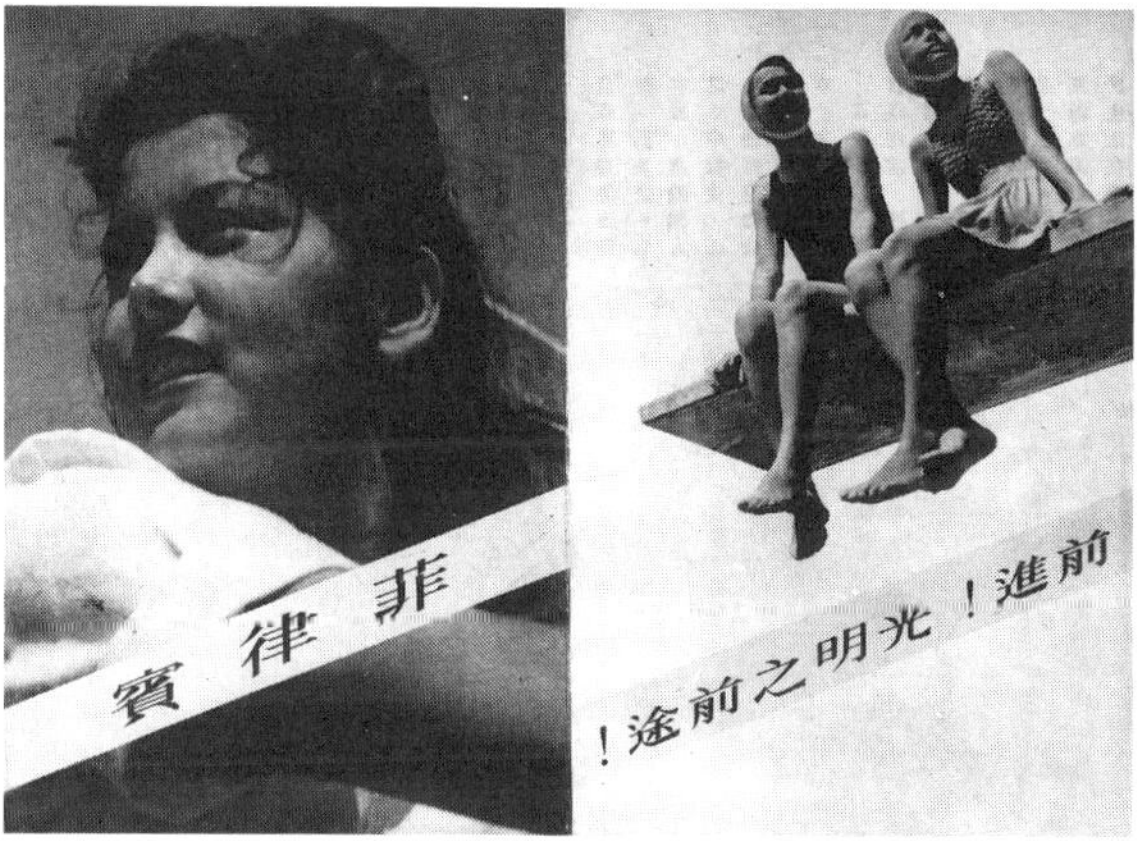

●「戦線—菲律賓（フィリピン）」表紙。B５判，最終面B２判。中国語版のほか，英語版も制作された

●同上・第２面。この面を左右に広げると，19世紀のフィリピン独立運動家リサールの胸像が現われる

にされた。一九四三（昭和十八）年十一月、東條首相は東京日比谷で大東亜会議を開き、占領各地からそうした指導者を集め、政治的デモンストレーションを行った。国の内外に敗色の濃くなった戦況を糊塗し、占領地の離反を防いで日本に協力させることが大きな目的であった。このときの模様は木村部長が撮った（一九八～一九九ページ）。

これらの取材は後に『FRONT』第14号「フィリピン号」や、『戦線』の「菲律賓《フイリピン》」「典定国基之緬甸国《ビルマ》」「ASIA IS ONE」などに使われた。このころからすでに宣伝文は、英語と中国語に絞られていた。これは、各占領地域の華僑の潜在力が容易ならざるものと認識されてきたからで、東方社の宣伝物は、次第に華僑対策としてつくられるようになっていた。華僑重視については、開戦直後シンガポールにいた中島健蔵の意見によるものだった。

一九四三年のうちは戦局が悪化しつつあるとはいっても、海外に出るのにそれほど危険はなかった。また中国でも南方占領地でも、食糧や衣料は、配給制度があって不自由な内地よりもはるかに豊富で、若い写真部員がパリッとした南方スタイルで帰ってくるのが、内地でデスクに釘づけになっている私にはうらやましかった。しかしこのころ、太平洋でも南方でも米軍の反撃はその力と速度を増してきて、一九四三年に入って、日本軍は各地で確実に敗戦を重ねていたのである。

日本軍の暗号がアメリカ側に解読され、連合艦隊司令長官山本五十六の搭乗機が米空軍の集中攻撃で撃墜されたのは、ニューギニア戦線での日本の敗退が始まった四月であった。翌月にはアリューシャン列島のアッツ島を占領していた日本軍が全滅し、秋には中部太平洋の島々でも守備隊の全滅が相次いだ。こうした歴然たる度重なる敗戦にもかかわらず、国内に公表される大本営発表は相変わらず「転進」「玉砕」といった、空疎な言葉のすりかえで現実を隠蔽しようとしていたのである。

空襲必至——野々宮ビルに移転

正規の出版物ではないから、『FRONT』の奥付には発行年月日が出ていない。また「満州国建設号」まで載っていたスタッフ名も、第7号「落下傘号」から載らなくなった。最後のころにつくられた「インド号」や、のちに空襲で焼失した「戦時下の東京号」では、『FRONT』の文字すら表紙から消え、社名も入っていない。完全に奥付らしきものはなくなり、発行者不明の印刷物となった。その理由は占領各地の状況の緊迫化とは無関係ではないだろう。

したがって各号の正確な発行年は不明だが、状況から推察すると、「満州国建設号」「落下

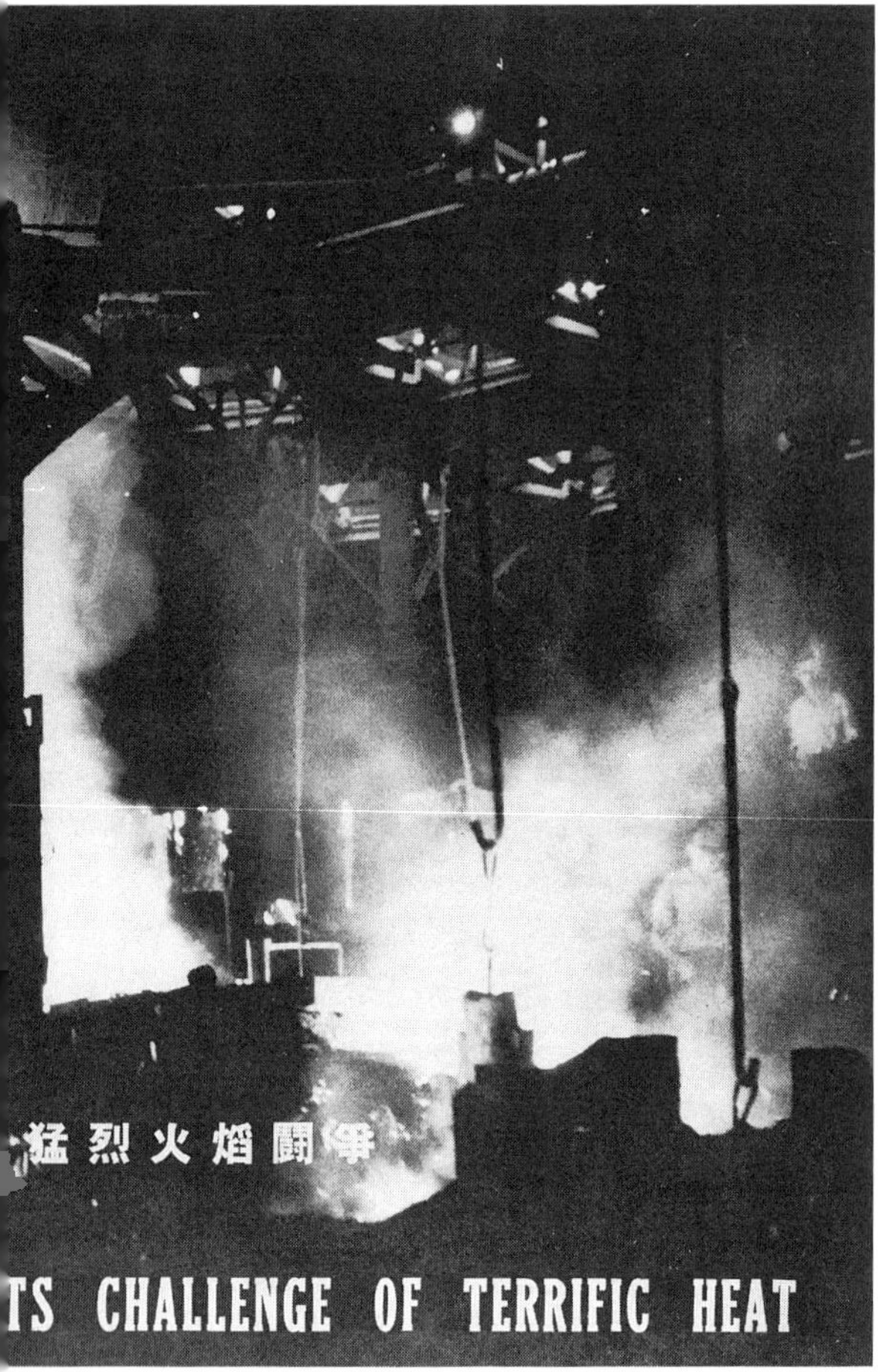
猛烈火焰闘争
TS CHALLENGE OF TERRIFIC HEAT

さを，色彩効果でさらに強めている

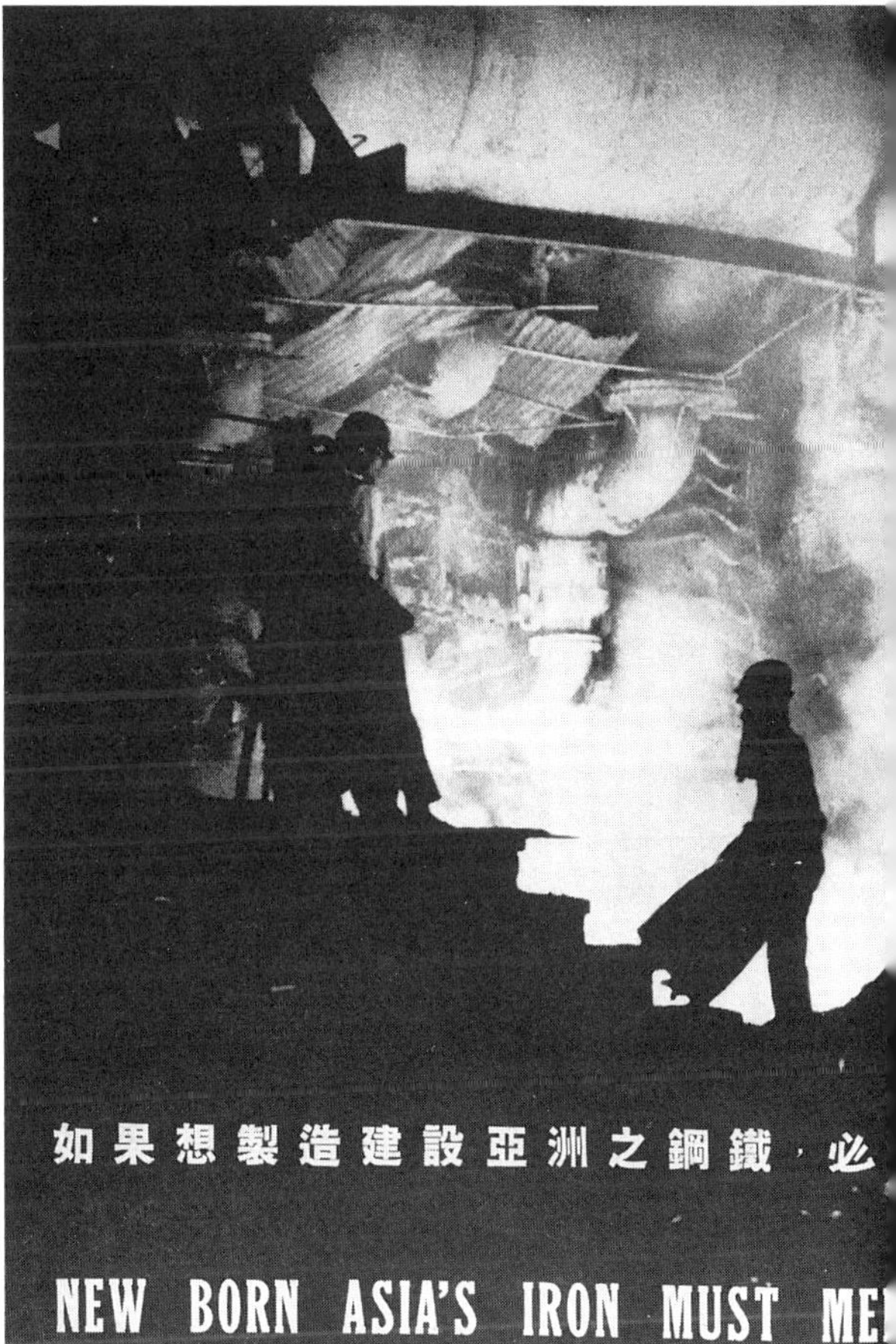
如果想製造建設亞洲之鋼鐵，必
NEW BORN ASIA'S IRON MUST

●「鉄号」より。全面にオレンジ色が敷かれ，シルエット風の写真の力強

●「鉄号」より。工廠内の様子が明瞭に読み取れる写真は，国内では軍機保護法により発表が許されなかった

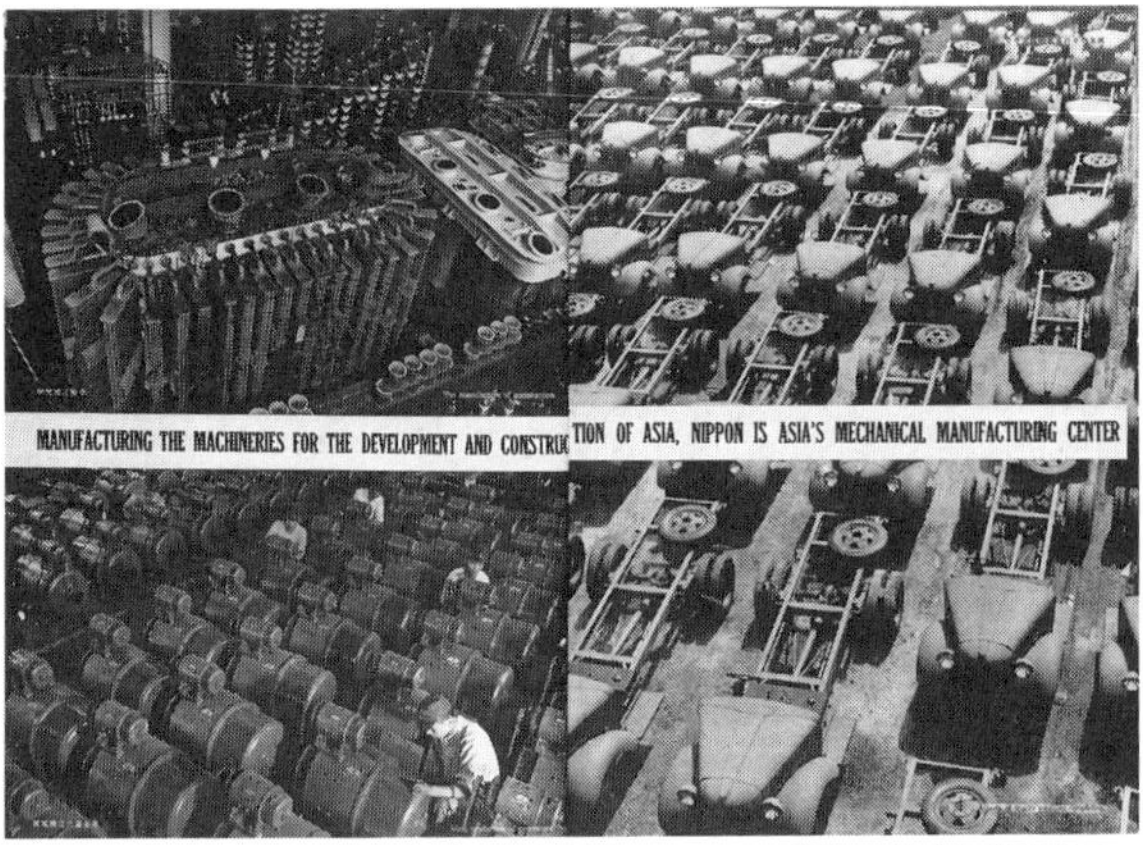

●現代にも通用する生産力誇示の宣伝写真。ここに，時代や社会体制を超えた，写真と宣伝技術の本質がある

●こうした生産現場の撮影技術が評価され，戦後，写真部スタッフだった菊池に，企業から宣伝写真の依頼があったという

●「鉄号」では中国語と英語が併記され，文字も後から刷るのではなく，写真と同じグラビア版で印刷されるようになった

傘号」に続いて、「空軍（航空戦力）号」の三冊が、一九四三（昭和十八）年中に発刊されたと思われる。内部のごたごたや参謀本部第八課の改組などがあったが、東方社の仕事が戦時宣伝というレールに乗ってやっと動き出した時期であった。しかし企画から制作完了までの時間は相変わらず長く、戦局悪化の進展のほうがはるかに早かった。

一九四四（昭和十九）年に入って米軍の侵攻はスピードを増し、既に中部太平洋の制海・制空権を握って、サイパンやグアムを狙っていた。こういう状況から本土空襲は時間の問題になった。強制疎開による建物の取壊しや、学童疎開が決まったのは一月であった。東方社も住宅地の中の木造建築では、空襲にあったらひとたまりもなく燃えてしまう危険があるので、鉄筋コンクリートの建物を探して移転することになった。

総務部の経理担当だった国司羊之助が一九四四年一月からメモをつけはじめた手帳が最近出てきたが、それによれば、一月十五日に恒石少佐と総務部長の島香が主婦の友社を訪問している。これは東方社の移転先の物色に行ったのだと国司はいう。しかしここは不調に終わり、最終的に決まったのは、九段坂下の野々宮写真館のビルだった。この建物は一、二階と地下を写真館が使い、三階以上は今でいうマンションであった。これは当時の日本における最高級の西洋風アパートで、外国人や上流文化人の住まいだった。かつて東方社の中心スタ

●2年間の出来事が克明に記されている国司羊之助の手帳。表紙と1944年5月のメモ

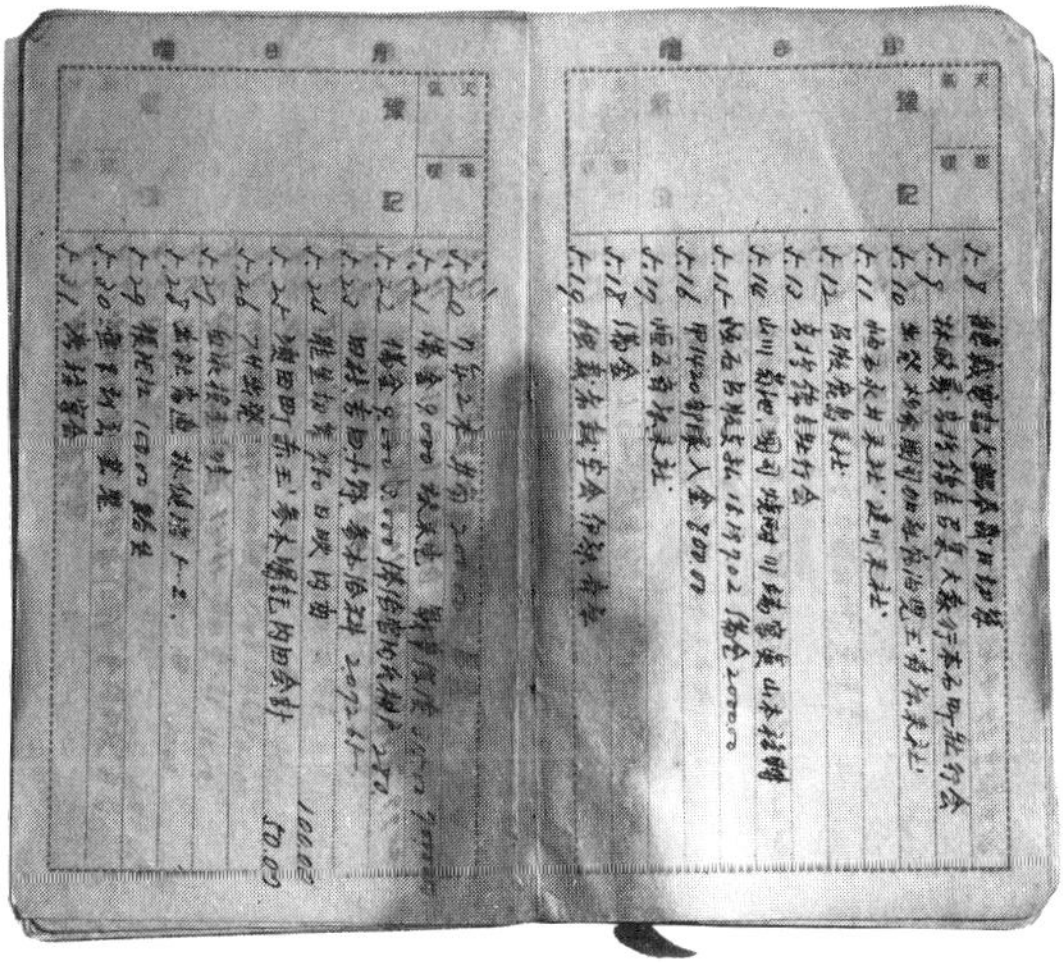

ッフを初めて引き合わせた野島康三が、最近まで経営していた野々宮写真館の後に、総勢百人近くになった東方社が移転するのも何かの因縁であった。

引っ越しは五月一日から三日間かけて行われた。当時は民間の人手、特に若い男は軍隊にとられて極度に不足していたから、社外に頼むわけにはいかなかった。だから引っ越しはすべて自分たちでやらねばならない。総務部がリヤカーや大八車を借りてきて、それに各部の部員が自分たちの荷物を積み込んで運ぶのである。小石川から九段まではそれほどの距離ではなかったが、途中に安藤坂という難所があった。写真部や総務部と違って小人数で若者の少ない美術部では、どうしても私が一手に肉体労働を引き受けざるをえなかった。生まれて初めて大八車というものを引っぱってみて、坂は上るよりも下るほうが難しく恐ろしいものであることを痛感した。

引っ越し先では、それまで写真館が使っていた一階の、広々とした撮影スタジオが美術部に割り当てられた。この部屋は二階まで吹抜けで、九段坂側の東面は、大きなアトリエのようにガラス窓が天井まで開けられていた。そしてそこには劇場舞台の緞帳《どんちょう》のような、ずっしりしたビロードのカーテンがかかっていて、大変明るかった。

また写真部は地下を全部使い、暗室は野々宮写真館のものがそのまま使えた。この建物の設備や内装は、すべて戦前のものとしては最高級で、大変贅沢な仕事場に来たという感じがした。

それより先、一九四三（昭和十八）年夏の徴兵検査で、私は第二乙種合格飛行兵という判定を受けていた。同期の友人たちは、甲種や第一乙種の現役はもちろん、第二、第三、さらには丙種合格というのにまで召集令状が来て、すでに戦地に持っていかれた者が多かったが、なぜか私のところには音沙汰がなかった。徴用令状が一度来たが、これは参謀本部の証明書を持参して見せただけで、何もいわれずに解除された。他の社員にも徴用は頻繁に来たが、女子社員も含めてすべて解除された。しかし徴兵だけは駄目で、美術部の高橋錦吉や、写真部の薗部澄、坂口任弘ら全社で七、八名、それに予備役陸軍中尉の肩書を持つ風野晴男も、すでに召集されて社にいなかった。

そんなことから兵役適齢期である私が、のうのうと内地の民間に残っているのが何か気恥ずかしく、また召集されて戦地で消息を絶っている友人にも申し訳ない気がして、引っ越しのときなど、体力の限界まで使って奮闘したのであった。しかし食糧配給も滞《とどこお》りがちで栄養状態の悪かった当時、いくら若いとはいえ過重労働だったのであろう、新社屋に移転してから半月ほどで、原因不明の熱が出て下がらず、社を休むことになった。あちこちの病院で診てもらった結果、初めは腸チフスを疑われ、次いで結核を宣告されたが、一ヵ月ほどたって黄疸症状が出はじめて熱が下がり治ってしまった。結局、極度の疲労からの肝臓障害だったらしい。

最後の外地撮影に出発

写真部員の大陸や南方占領地への撮影出張は、一九四四(昭和十九)年にも引続き行われた。菊池俊吉、関口満紀の両名が、七月二日に華北に向かって出発したことが国司メモに記されている。しかし翌三日に菊池の実家から召集令状が来たとの連絡が入り、急遽電話で下関の憲兵隊に連絡して、乗船寸前の菊池をつかまえて帰京させた。当時の日本の男子にとって召集令状は絶対であって、出頭しなかったり遅れたりしたら、たちまち憲兵隊や警察の追及するところとなり、草の根を分けても探し出されて逮捕投獄されたのである。

菊池は故郷の岩手、東京、さらに入隊先の金沢と駆け回り、ここでやっと参謀本部からの召集解除の命令を受けとって、再度東京に戻った。しかし休む間もなく、先発した関口の後を追って華北に向けて出発したのだった。菊池はこの後満州に入り、ハイラル、熱河方面で蒙古人の生活やラマ廟の祭りを取材した。また関東軍が南方に転出した後、手薄になった満州を防衛する必要から増強されていた現地人の満州国軍も取材した。

当時、中国における日本の占領地は点と線だといわれていたが、満州でも内蒙古地域では、少し離れたところには必ず八路軍（中国共産党軍）がいた。だから内蒙古の部落には、蒙古人に変装した日本の諜報員が潜入していて、八路軍の動静を監視していた。前年に同地区を取材した大木実の話では、彼らは現地人がいないと日本語で話しかけてきたという。菊池は十月末、参謀本部の恒石少佐から直接の電話で帰還命令が出て、四ヵ月ぶりに東京に戻った。

菊池らに続いて七月八日に、大木、林重男の二人が南方地域に向けて出発している。この年六月には、すでに米軍はサイパン島に上陸し、激戦が行われていた。太平洋の制海権はほとんど米軍に握られていて、米海軍の機動部隊が随所に出没していたときである。南方への空路、海路ともに非常に危険であった。このときは参謀本部所属の軍属の身分で、各務ヶ原《かがみがはら》の陸軍飛行場から、補充のためにフィリピンへ運ぶ輸送機に便乗できることになった。途中、那覇、基隆《キールン》で給油をして、ルソン島のクラーク・フィールド飛行場に無事着くことができた。

このころはまだ日本軍も、新しい飛行機を盛んに南方戦線に送っていたが、飛行機そのものが粗製乱造の欠陥機である上、輸送にあたる操縦士が未熟なために、海軍の「紫電改」な

●「華北建設号」の表紙。木村伊兵衛撮影の北京・紫禁城の壁面。題字とナンバーは原弘と小川寅次の合作

●「華北建設号」冒頭の見開き。濃い緑色のバックに朱色の地図

●4ページ大の折込み（A全判）。ポスターとしての機能も持つ

●「華北建設号」から意図的にソフトなレイアウトが行われ，初期の威圧的宣伝からの脱皮がはかられた

●躍動感と明るさを感じさせる誌面。原弘のレイアウトは戦局の悪化と反比例して華やかになっていく

どという新鋭機が、林の見ている前で次々に着陸に失敗して破損したという。

二人はこの後サイゴンに渡り、当時のフランス領インドシナ、今のベトナムを取材した。林はここでデング熱という風土病にかかり、高熱で一ヵ月ほど寝込む。大木はその間にハノイやユエを取材して回った。ユエでは中島健蔵から紹介されたフランス文学者の小松清に会って、安南独立運動のアジトなどに案内してもらい取材した。小松は中島と同様、軍に徴用されてハノイの宣伝班にいたが、ここで現地民の独立運動にかかわり、ベトナム独立のために奔走した。そのため、帰国したのは戦後の一九四六（昭和二十一）年になってからであった。

大木らはこの後、陸路を鉄道でバンコクに行き、さらにマレー半島を縦断、昭南（シンガポール）まで、果物ばかり食べながらの一週間がかりの鉄道旅行を強行した。昭南では英国から接収したカセイホテルに南方総軍の報道室があり、召集されてここに来ていた風野に出会った。風野は大尉に昇進して報道部にいた。またこの最上階には、報道班員として徴用されていた小津安二郎がいた。彼は積極的には何も仕事はせずに、毎日屋上で空ばかり眺めて暮らしていたという。

大木、林の二人は一九四四年の暮れ近く、帰還命令が出て半年ぶりに日本に戻ることになった。しかしこの間に戦況は加速度的に悪化していたのである。米軍はフィリピンに上陸し、巨大戦艦「武蔵」は撃沈されて日本海軍は壊滅状態だった。神風特別攻撃隊が編成され、特攻攻撃が始まっていた。二人が帰還しようとする道筋は、まさに主戦場になっていたのであった。しかし幸運にも補充機の操縦士を送り返す便に乗り込むことができて、昭南―サイゴン―広東―台湾を経由して、命からがら十二月半ばの福岡板付飛行場にたどり着いた。このころ本土では、サイパンからのB-29による偵察と空襲が始まっていて、空襲警報が頻繁に発令され、帰京する列車はそのたびに止まった。南方帰りの夏姿では初冬の内地の気候は寒く、ふるえながら東方社に戻ったのは、年の暮れも間近い十九日であった。

この年の外地取材は、一年前のような安穏なものではなかった。

しかし、こうして写真部員が命がけで撮影した一九四四年後半のフィルムは、そのころから急速に戦況が悪化していったために、ほとんど使われることなく写真部のネガ庫に眠ったまま敗戦を迎えてしまったのである。

サイパンが陥落したら日本は負けだ

総裁に就任してからの建川中将は、東方社のどこが気に入ったのか、毎週木曜日の理事会にはほとんど休まず顔を出した。また毎月八日の大詔奉戴日にも現われて、ときに社員を集めて訓示を垂れた。しかし彼が軍服で東方社に来ることは一度もなかった。

一九四四（昭和十九）年七月八日の大詔奉戴日は、その前日サイパンで日本軍が全滅し、住民一万人も運命を共にした後だったから、めずらしく激越な調子で、サイパンが陥落したら、空襲で日本本土は焦土となることを覚悟しなければならないと演説した。

十七日嶋田海相が辞任し、米内海軍大将が入閣を拒否したので、東條内閣は翌日総辞職し、後継には小磯国昭大将が指名され組閣した。あとで考えれば、日本もこのときに降伏を決めれば、沖縄や、広島、長崎の悲劇も、都市の焼失もなかったのだが、もはやこの時点で冷静に判断を下して行動できる指導者は一人もいなかった。

建川は訓示の席では本土決戦の覚悟を説いたが、私的な会話の中では、かねてから東條を激しく非難し、サイパンを失うようなことになれば日本は負けるといっていた。こうした指導階級にある人ばかりでなく、当時の日本人はすべて建て前を優先させ、本音を表に出すことを恐れていた。それが一部の無責任で勇ましいだけの言動に引きずられ、泥沼に落ち込んだ原因なのであろう。しかし日本中の人間を、死ぬ覚悟をするまでに追い込んでしまったこの時点では、もはやそうした大河の流れを引き戻すことは誰にも不可能だった。

原因不明の熱で一ヵ月ほど休んだ私も、夏に入って出社できるようになり、中国や南方華僑向けの『戦線』のレイアウトに取りかかっていた。このころ参謀本部から回ってくる"LIFE"などの写真を使って、逆宣伝用の小型パンフレットをつくることを企画し、部長の原の承認を取った。これは『NEW LIFE』と名付け、編集、印刷製本まで済ませたのだが、実際に使われたかどうかわからない。

米軍の侵攻速度はますます早まり、私たちがのんびりつくっている印刷物の完成を追い越していた。サイパンを占領した米軍は、七月二十一日にはグアム島に上陸、八月十日、日本軍守備隊一万八千人は全滅してしまった。そのたびに「海行かば」の音楽とともに、ラジオから大本営の「玉砕」発表が出るのだった。占領された後のサイパン、グアムの両島では、甘く見ていた日本軍部の予想をはるかに上回る速度で、大型爆撃機の基地の建設が進められていった。

十一月一日、その日は私の宿直の日に当たっていたのだが、午前中から空襲警報が発令され、よく晴れた東京の上空には、戦闘機の描く飛行機雲が入り乱れて美しい模様をつくった。そのはるか上空を大型機が一機、四本の飛行機雲を引いて、キラキラ光りながら飛んでいく。私たちは屋上に上がってのんきに眺めていたが、それがこのあと間もなく始まった本土爆撃

●『NEW LIFE』表紙（右）と裏表紙

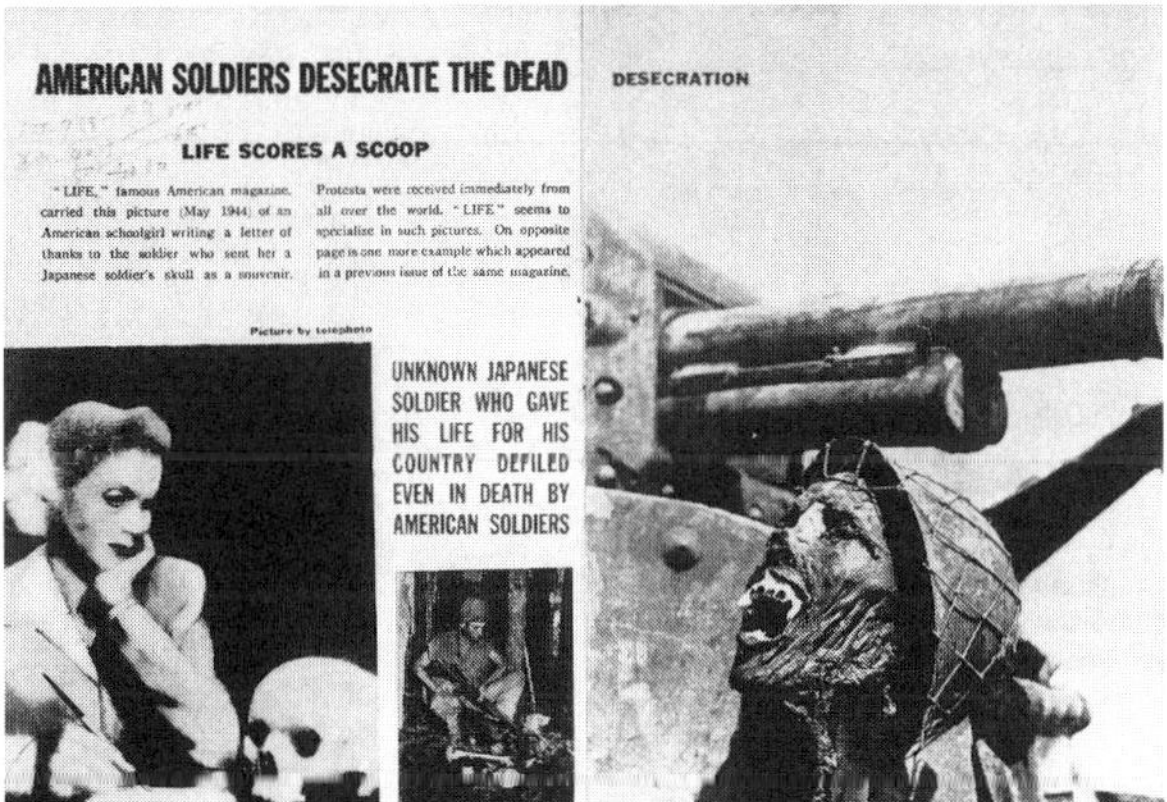

●『NEW LIFE』より。“LIFE”から複写した写真を使い，米兵の残虐性を訴える逆宣伝を行っている

の偵察飛行だったとは、知るよしもなかった。このときの、空いっぱいに広がった飛行機雲の写真は、『FRONT』の最終号「戦時下の東京号」の巻頭に使われている。

国司メモにはこの日を手始めに、四日、五日、六日、七日と連続して空襲警報が出されたことが記されている。建川の予言どおりに、米軍はマリアナ諸島からの本土攻撃を着々と準備していたのである。だが、こんなのんきな空襲は長くは続かず、十一月二十四日、七十機のB-29が白昼東京地方に来襲した。このときは主として飛行機工場などの軍需施設を狙い、一万メートルの上空から絨毯爆撃を行った。私の家の向かいに住んでいた、神田駅前に洋品店を開いていた商店主が、徴用先の三鷹の飛行機工場で爆撃にあい、奥さんと娘二人を残して死んだ。徴用されて三日目であった。

この時から日本本土は、間断ない爆撃にさらされるようになる。明治十年生まれの私の父は、空襲を極度に怖がっていたが、本格的な空襲の始まる直前の九月十日に病気で急死した。日露戦争の経験もなく、大正の平和な時代に苦労なく生きてきて、昭和初年になってから経済恐慌にあい、停年間近で失職してしまった父にとって、その後の、戦争に明け暮れする昭和は、悪夢を見ているような時代だったろう。B-29の姿や空襲の炎を見ずにすんだことが、せめてものなぐさめになった。

かぎ回る特高刑事

一九四四（昭和十九）年は、春から全国的に天候が不順続きであった。東日本は雨が多く、東北、北陸は水害で鉄道が半月以上混乱した。対照的に西日本では旱魃《かんばつ》が続き、人手不足も重なって日本中のコメ、ムギ、イモすべて不作だった。当然食糧配給は遅配、欠配が多くなり、都会の人びとは闇食糧の買出しに狂奔した。巷には雑炊食堂なるものが設けられ、腹を減らした市民が行列をつくった。食糧をつくっている農家や、配給ルートを握っている役人・商人たちと、配給だけが頼りの一般人との間には、生活ぶりでも精神的にも亀裂が深くなっていった。

軍と、軍を笠に着る役人たちは次第に横暴になり、時局に便乗する人間がさまざまな機関でのさばってきた。七月、情報局は「時局下国民の思想善導上許し難い事実がある」（『日本出版百年史年表』／日本書籍出版協会）として、中央公論、改造の両社に自発的廃業を強制した。このため多くの編集者が失職したが、そのうち数名が東方社の編集部に入ってきた。前にも述べた平武二、南清一、海老原光義らである。またこのころ写真専門学校の学生が勤労動員の名目で、また企業整備で店をたたまされたカメラ店の店主たちが、召集で手薄になった写真部員の補充として、あわせて十名近く入社している。

野々宮ビルに来てから夜間の空襲に備えて、四、五名の社員が交替で宿直を行っていた。すべての食糧が配給制なので、特需の配給を受けて、宿直や残業者の食事をまかなった。コメだけでは足りないので、うどんを近くのそば屋につくってもらうことになった。もちろん出前などできる時節でないから、自分たちで運ばなければならない。そのためのバケツからして、参謀本部から軍需扱いの許可書をもらって、ブリキ屋に特注しなければならなかった。

ある夜総務部の国司が、でき上がったバケツを受け取って社に戻る途中、警官に呼びとめられ、有無を言わせず留置所に放りこまれてしまったことがあった。戦前の警察は、夕方連れてきた容疑者は、調べもせずに朝まで留置してしまうのが普通だった。

日本文学報国会の事務局にいた巌谷大四が、中島健蔵の紹介で入ってきたのは一九四五(昭和二十)年の二月であったが、その数日後に町で出会った顔見知りの特高に、東方社に入ったのなら頼みがあるといわれ、警察の応接間に連れこまれた。相手が相手だけに緊張したが、刑事は、当時民間では闇でしか手に入らない酒まで出して、

「君、君の入った東方社というのは、あれはアカの巣でね。捕まえたいのが二、三人いる

のだが、参謀本部の息がかかっていて、私らは中に入りこめないんだ。君、それとなく私に、やつらの行動を知らせてくれないかね」

といったという（中島健蔵・巌谷大四『その人その頃』／丸ノ内出版）。

巌谷は東方社の事情をまだよく聞いていなかったから驚いたが、紹介された人たちはみんな感じのよい、いい人ばかりのようだったから、そんな役目は真っ平ごめんと思った。しかしその一ヵ月後に東京大空襲が始まって警察も焼けてしまったせいか、その刑事は一度と姿を現わさなかったという。しかし、特高警察は相変わらず東方社の周辺を嗅ぎ回っているようだった。

●東方社の編集・美術スタッフ。前列右から平武二，北城真紀子，小田島とき子，中野菊夫。中列右から山室太柁雄，多川精一，南清一。後列右から巌谷大四，村田道紀，海老原光義。東方社入口前で。1945年4月ごろ

「戦後に聞いたことだが、特高はかなり執念深く東方社を狙っていたらしく、『満鉄』の東亜研究所と並べて検挙の対象にしていたという。敗戦があと三週間遅れたらやられるところだったとさえ聞いた」（中島健蔵『回想の文学⑤　雨過天晴の巻』／平凡社）

9 空襲で次第に機能を失う東方社

●「インド号」表紙。オフセット７色刷

軍事色の消えた『FRONT』

中島健蔵はその著書で「わたしが関係してから、実際に刊行された『フロント』は、一冊か二冊だったと思う」(『回想の文学』⑤)と書いているが、これは中島の記憶ちがいである。実際は一九四五(昭和二十)年春まで印刷され、企画編集は最後まで続けられていた。

一九四四年中に発行された『FRONT』は、「鉄(生産力)号」「華北建設号」「フィリピン号」「インド号」の四冊であった。これはすべて、前年の一九四三年中に木村、林重男、大木、菊池らが取材した写真を中心に構成されたが、そのコメントは当初のように数ヵ国語版をつくることなく、英語と中国語が写真と一緒に刷り込まれていた。内容は中国の親日政権や、フィリピン、インドなどの独立運動を支援し、大東亜共栄圏の連帯を謳うのが目的であったが、この重い大型のグラフ誌がどれほど、その対象のところまで届いたか疑問である。また"USSR"に範をとった超大型の判型は、重量を少なくするため「インド号」からはB4判に縮小された。

このように後半に発行された『FRONT』は、規模の面では最初の計画からは後退せざるをえない部分が多かったが、内容的には初期の軍事力誇示が影をひそめ、共栄圏の民心を懐柔するための宣撫工作的要素が多くなった。また写真の構成技術の点ではむしろこのあたりから、アートディレクターとしての原弘の力量が発揮された。

「フィリピン号」では、それまでと一味違った、軽快な明るい演出が行われている。これは長年アメリカの植民地として、その影響を強く受けていたフィリピン人にアピールするためには、こうしたスタイルのほうが宣伝効果を期待できることを、原が計算したからである。

また「インド号」では表紙にインドの細密画を再現しているが、この印刷の出来栄えは、技術者や資材が不足していた当時としては驚くほどすばらしいものである。本文のグラビアも二〜三色を使い、欧文書体も戦前から欧米の活字を多く所蔵していた嘉瑞《かずい》工房の協力で、インドの詩人タゴールの引用文に、当時の日本ではめずらしい書体（ニコラス・コーチン・ローマン）を使っている。この号はアートディレクターとしての原と、凸版印刷技術陣による、戦時中における印刷物の最後の傑作だった。

『FRONT』の初期の号は、そのスタイルが、範とした“USSR”に似ていたことは否めない。しかし号を追って原は、『FRONT』独自の形を創りあげていった。「華北建設号」から「インド号」にかけては、厳しい戦時下ではあったが、この雑誌のレイアウトが、いわば脂

●「フィリピン号」より。初期のロシア的重厚さから脱却し，この号ではアメリカの雑誌のような軽快な明るさを演出している

●敗戦の前年，1944年の制作とは思えない明るさに満ちている

●原弘の仕事の特徴は，タイポグラフィと写真演出の的確な使い方にある

●「フィリピン号」では，きりぬき写真と半円形スペースが多用されている

e Sun and Stars !

●「フィリピン号」のラストに近い見開きページ（2色刷）。旗を持った人物のグループを黒，右方に向う行進を青で刷り重ね，映画のオーバーラップの手法を印刷物に表現。原弘会心のレイアウトであろう

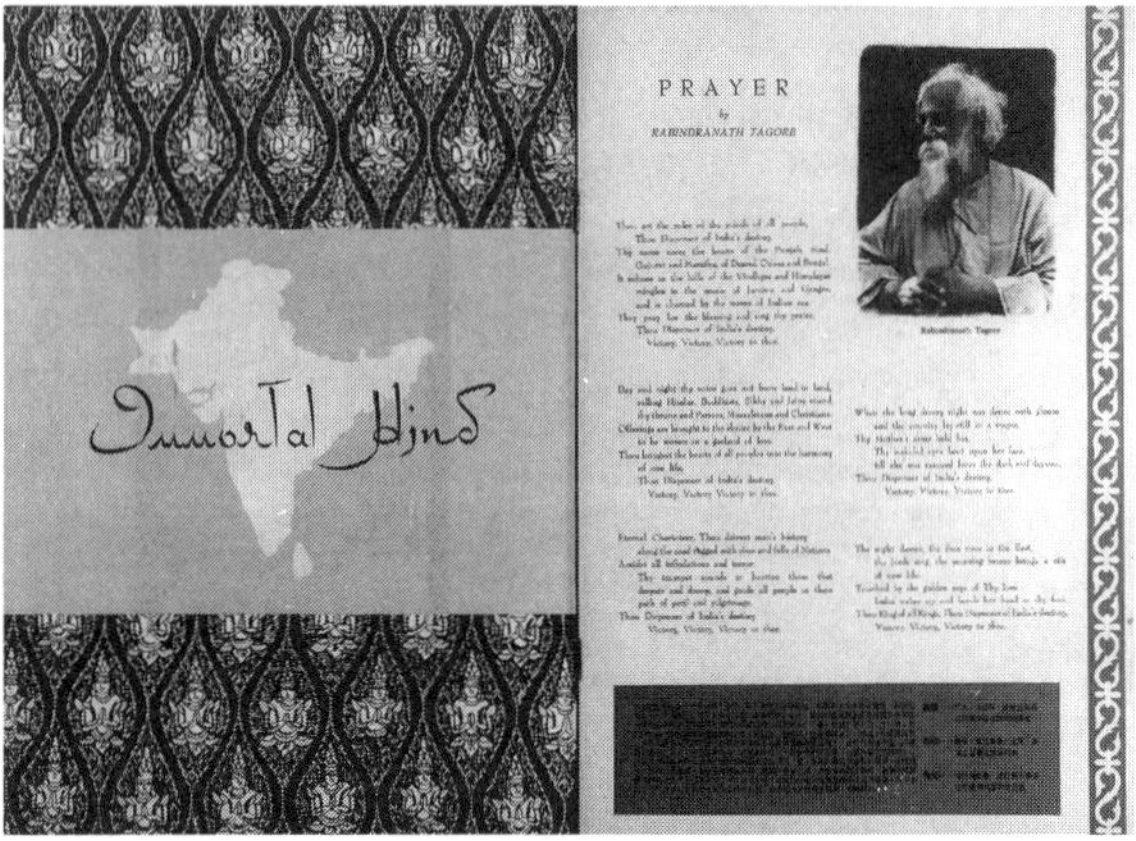

●「インド号」冒頭10ページはタゴールの詩を引用して英国の植民地政策を批判し，この戦争でそれを終らせなくてはならないと説く

●歴史の叙述の組版は原弘の依頼で嘉瑞工房の活字が使われた。サリーの女性は日印合作映画のスチール写真から借用した女優の原節子。

●冒頭の植民地政策批判に続く見開きページ。歴史的な展開を日本海軍出動の場面で現在に切り替える。英文は宣戦の詔勅の翻訳

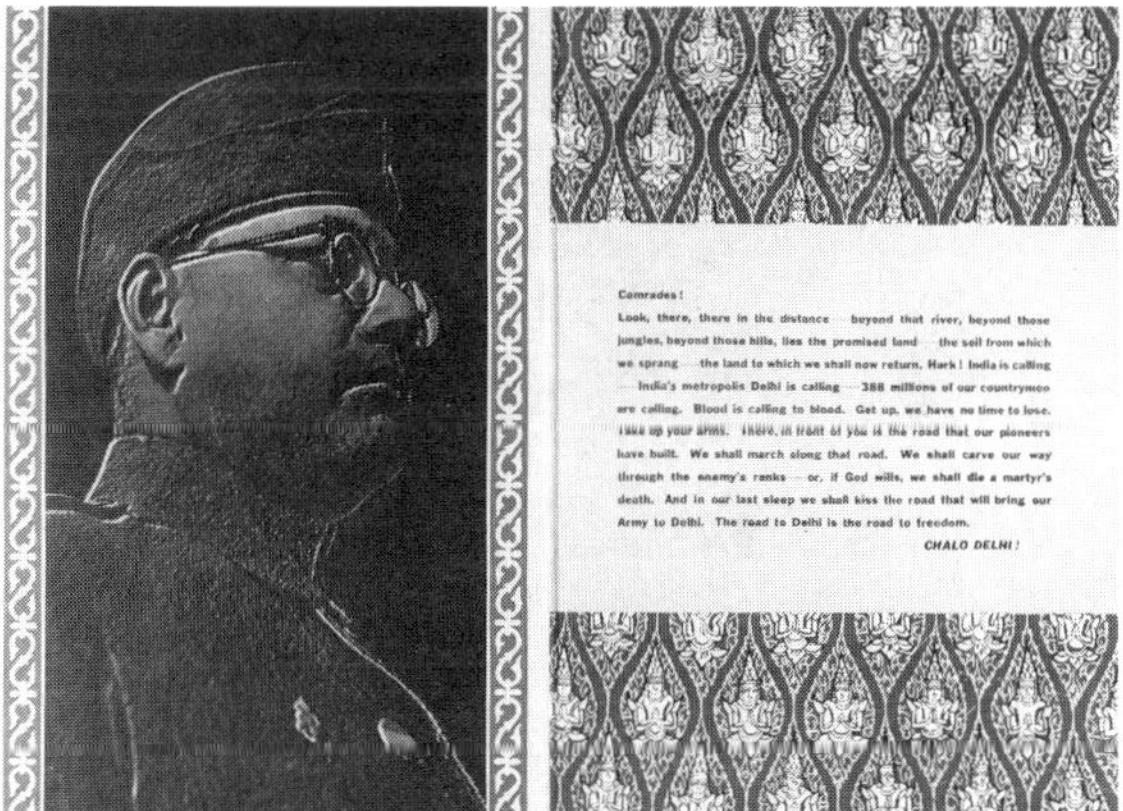

●最終見開き。チャンドラ・ボースの肖像は，ソラリゼーションを使って象徴的に表現した。更紗文様はインドの古い文献より

の乗ってきた時期だったように思える。

しかしそれも、間もなく始まった本土空襲による混乱とともに、はかなく終わってしまったのであった。

完成品として現存する『FRONT』はこの「インド号」までであるが、十冊目の「戦時下の東京号」が、一九四四(昭和十九)年の秋から編集に入り、一九四五年に入って印刷を完了している。しかし製本の直前、三月十日の東京大空襲で、製本所でその刷本をすべて焼失してしまった。このことを関係者は知っていたが、そのまとまった実物は誰も見たことがなく、最近まで幻の最終号とされていた。

ところが一九八五(昭和六十)年、当時病床にあった原の蔵書を、三島にある特種製紙株式会社の中に新設される原文庫に収めるため整理しているうちに、表紙の校正刷と本文グラビアの刷出しを集めたものが発見された。

だが正直なところ私は、この幻の『FRONT』を四十年ぶりに見てがっかりしたのであった。それはその前の九冊に比べてあらゆる点で、格段に見劣りがするのである。この号は、日本本土が空襲されはじめたことに動揺する占領各地の人びとに、「東京未だ健在なり」と宣伝しようとしたものだったが、写真もレイアウトも、また印刷も、違う雑誌であるかのように冴えないのである。これが焼失をまぬがれて配布されたとしても、それまでの『FRONT』と比べて質の落ちたことが歴然で、宣伝効果はマイナスであったと思う。このように東方社もまた、日本のすべての組織と同様、本土空襲の開始を境に、急速に能力と機能を失っていったのであった。

軽量宣伝物に重点を移す

一九四四（昭和十九）年秋には、フィリピン海域と小笠原以南の太平洋は、完全に米軍に制海権を奪われていたから、南方との連絡は満州回りの中国経由か、危険な空路しかなかった。すでに南方向けの宣伝物は、つくっても輸送できる状況ではなかった。これ以後は、東方社の宣伝物はもっぱら中国に対象が絞られていくことになる。

戦争末期のこのころ、理事長の林達夫は以前ほど顔を出さなくなっており、代わって編集部の実権は中島健蔵に移っていた。そのころから新たに企画され制作されたものには、輸送にかさばらない軽量なものが多かった。折りたたみパンフレット『戦線』のほかに、グラフ誌『寫眞』（"The Eye"）や文芸雑誌『青與紅《チンユーホン》』などといった小型の雑誌や、壁に貼ることも

●『寫眞』創刊号表紙。B5判，中国語は右開き，英語は左開きに展開

できる写真ポスターなど、いろいろな種類がつくられている。

『寫眞』は中国語と英語の併記で、表紙は中国語の誌名が入り、裏表紙には英文で"The Eye PICTORIAL MONTHLY"と記されている。この構成は原が担当した。できるだけ戦時色は出さないほうがいいという中島の意見で、一見しゃれたニュース雑誌風につくられていた。このころ国内で発行されていた雑誌と比較しても、はるかに欧米風なスタイルであった。B5判表紙とも十六ページ、凸版二色印刷で、用紙なども当時国内では使えなくなっていたコート紙が使われた。そして以前から発行されていたかのように、最初のナンバーは十二号から始められた。

これには奥付がつけられ、発行日は昭和十九年十二月三十日、編集者・日本映画社、発行・社団法人日本映画社となっている。しかしこれは名前を借用しただけである。十三号は私の手元に表紙の校正刷のみ残っているが、完成したかどうか不明である。この表紙は表裏ともカラー印刷で、中国とフィリピン女性の写真が使われていた。

『寫眞』が美術部主導で仕事を進めたのに対して、編集部では『青與紅』という文芸雑誌を計画していた。これも「戦争のせの字も書くな」という中島の意向で、編集を山室太柁雄や海老原光義が担当し、武者小路実篤や室生犀星などに原稿を依頼した。軽井沢に疎開していた犀星からは、頼んだ詩とともに原稿料二百円の請求がきたという（二百円は当時の中堅サラリーマンの月給）。

『青與紅』という誌名は、中国通の小泉が雑誌名を決める会議の席で、

「どうだい、チンユーホン、青と紅だよ。青は国民党軍の旗、紅は共産党の旗の色」

の一言で決まったと、当時この雑誌の編集担当だった山室はいう。これも発行者に岩波書店の名義を借りようと交渉したが、断わられたという話もある。最終的にどこの発行になったかは、現物が残っていないのでわからない。これは五号からスタートした。この『青與紅』を上海の内山書店に送ったところ、評判がいいから一号から四号までのバックナンバー

●「壁写真ポスター」は表裏を関連テーマとし，２枚１組で作られた。壁新聞として戸外展示も考慮され厚手の紙を使用

●上図・裏面。B-29に体当たりして帰還した日本軍の戦闘機の話題を，想像画とデパートに展示した実証写真を組み合わせてつくり上げた

●「壁写真ポスター」。フィリピンに反攻してきた米軍が，町や教会を爆撃している写真を使った反米宣伝

●同上・裏面。空襲で焼けた教会の写真を出して，米軍の無差別爆撃を非難。この時期すでに守勢にたった側の宣伝しかできなかった

を至急送れと注文が来て、編集部ではあわてたという。

「壁写真ポスター」はB３判の一枚もので、裏表に一テーマずつの組み写真が入っている。これが四枚一組で中国に送られ、現地ではこれを壁や掲示板に貼付して、多くの人たちに見せられるように計画された。この企画を提案した私に写真構成がまかされたが、文章の中国語は現地仕込みの小泉が書いた。この中にB-29への体当たり攻撃の場面を描いた、画家の内田武夫の絵が使われているが、内田は野々宮ビルが焼けるまで、美術部員として東方社に出てこの絵を描いていたから、これは三月十日の大空襲以後に制作されたものである。

実際に印刷まで進行した『FRONT』は「戦時下の東京号」で最後だったが、さらにその後も『FRONT』は企画されていた。これは最近になって、最後の編集部長をつとめた山室太梠雄の話でわかった。山室は一九四五（昭和二十）年の初めから「戦争美術」という号の編集をやっていたという。戦争初期に報道班員として占領地に駆り出された画家たちが、その後も軍や情報局から依頼（といってもほとんど強制だが）されて描いた絵をもとに、文章を先行させていたのだという。しかしこれは編集室から出ることなく、敗戦の日を迎えてしまったのだった。

空襲・〝闇〟・疎開で仕事手つかず

一九四四（昭和十九）年暮れには、米海軍主力はフィリピン海域から、さらに北上して台湾、沖縄に迫っていた。このころ日本海軍はレイテ沖、台湾沖と相次ぐ海戦で敗退し、神風特別攻撃隊という悲惨な戦法でしか戦えなくなっていた。もちろん南方への輸送や連絡も、制海権、制空権とも米軍に握られていたから、ほとんど途絶に近い状態だった。サイパンのB-29は自由に本土を偵察し、好きなときに侵入し、どこでも爆撃できた。建川総裁の予言通り、この時点で日本の敗戦は決定的だったのだが、軍部指導者の神がかり的な強がりは相変わらずで、戦況の実情を知らされない多くの国民も、ありえない奇跡に一縷《いちる》の望みを託して、その日暮らしの毎日を送っていたのだった。

配給の食糧が減らされ、さらにコメの代わりにイモやカボチャが混じるようになって、それでも足りず町の人たちはとっておきの戦前の衣料を持って、警報の出る中を農村に買出しに出かけた。〝闇〟という配給外の取引きはもはや大っぴらになり、〝闇〟の手づるのない人は飢えて栄養失調になるほかなかった。軍隊にとられた私の旧友も、飛行機のいなくなった飛行場を耕して、イモをつくっているという話が伝わってきた。中学生は動員されてマツの根を掘り起こし、これからガソリンに代わる油をとるのだと聞かされた。女子も動員されて、米軍の本土上陸に備えて、竹槍の訓練が軍人の指導で大まじめに行われた。

もう誰が考えても勝てる戦争ではなかった。

東方社の中でも、家族を疎開させて単身で生活する者が多くなっていて、自炊や買出しに忙しく、仕事に身が入らなくなっていた。酒の配給はとうになくなっていたが、酒好きはどこからかマッカリと称する密造酒を仕入れてきて、宿直室で毎晩酒盛りを開いた。タバコもわずかの量が刻みのまま配給になったから、イタドリなどの葉っぱを干して刻んで混ぜた。美術部の隅の使っていない階段が、その干し場になっていた。このタバコはパイプで吸うか、英語のコンサイス辞典を後ろの方から破いて手巻きにした。

家に帰っても毎晩のように空襲警報が出るので、防空用の身支度をしたまま仮眠することが多く、翌日は皆睡眠不足で、仕事の能率はてきめんに落ちた。このころは日本中の職場が、どこも同様な状態だったのである。南方の占領地から切り離された内地は、とっくに末期症状を迎えていた。

このころ東方社に参謀本部の嘱託と称する、斎藤という人物がしばしば出入りしていた。

●『写真週報』1945年1月24日号表紙
本土の戦場化に伴い，表紙にも一億玉砕の切迫感がうかがえる

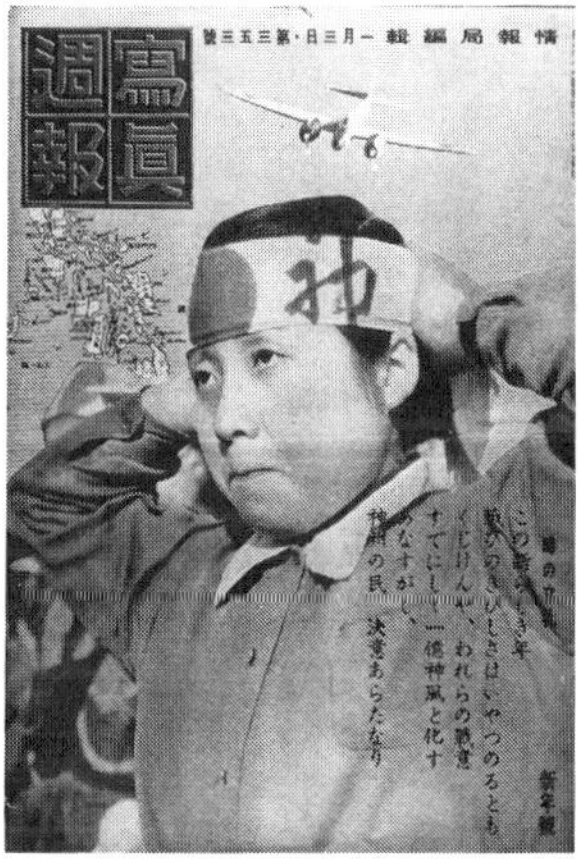

●『写真週報』1945年1月3日号表紙

斎藤嘱託は人当たりはよかったが、どこか得体の知れないところがあって、開戦後の第一次交換船で外交官らと一緒にオーストラリアから帰国したことから、陸軍のスパイだったのではないかという人もいた。彼は理事にも下っ端の私などにも、大変慣れ慣れしく気さくに話しかけてきたが、左寄りの人たちは警戒して避けていたようだ。

ある日、その斎藤嘱託からポンと肩を叩かれた。

「多川君、頼みがある。僕と一緒に来てくれないか」

何のことやらわからなかったが、参謀本部の人だし、断わるわけにもいかないので、原部長の許可をもらって外に出た。そこには兵隊の運転する軍用トラックが待っていて、斎藤嘱託と同乗して行き着いた先が恵比寿のビール工場だった。ここでビヤ樽二個を積みこんで社に戻った。

その年の暮れ、仕事納めの日に、誰の発案か知らないが、夕方からビルのシャッターを閉めて、士気高揚大会と称するパーティが開かれることになっていた。そのためのビールであった。ビヤ樽は手に入れたものの、汲み出す器具がないから、写真部の特大バットにブチまけて、そこからヒシャクで汲んで飲んだ。

総務部や近郊から通勤してくる人たちが、苦労して野菜やイモ、アズキ、魚などを集め、手製の模擬店までつくって、灯火管制下の夜をひととき戦争を忘れて騒いだのだった。日ごろの鬱屈に加えて、マッカリなど怪しい酒も手伝って悪酔いが続出し、士気高揚にはほど遠く、社員の退廃的な気分をさらに強めた結果になった。

宿直用のコメや、印刷所に回す分からピンはねしたグラビア製版用の氷砂糖を、宿直のときに持ち出すやつがいるとか、特配のコメを一部の者だけで分けたとか、食物にまつわるいざこざが多くなり、それまで大らかな気風で過ごしてきた東方社にも、ようやく敗戦の影が色濃くなってきた。そして一九四五年に入ってからは、連日昼夜を分かたず空襲警報が出るようになり、仕事の能率は急速に落ち込んでいったのである。

野々宮ビル炎上――「東方社万歳！」

野々宮ビルに移転してからも建川総裁はよく顔を出した。毎月八日の大詔奉戴日はもちろんのこと、週一回の理事会にもよく出席していることが、国司メモに記されている。それに対して林理事長は身体の調子を崩し、鵠沼の自宅に引きこもりがちだった。

一九四四（昭和十九）年後半からは、次第に中島健蔵が実質的に社のリーダーシップをとるようになり、編集部に自分のブレーンを次々に入社させた。中央公論社にいた海老原が徴用にとられて軍需工場で働いていたのを、参謀本部の証明書を持って掛け合いに行き、連れ戻して入社させたのもこのころだった。

編集・写真・美術などの制作現場で、中島理事が中心になって采配をふるっていたとき、対外総務関係は杉原二郎と山本房次郎が引き受けて、参謀本部との交渉や資金の調達に奮闘していた。

一九四五年に入ると前線との連絡も途絶えがちで、参謀本部も軍の中枢としての機能が次第に怪しくなってきた。同年二月には、謀略宣伝担当の第四班長だった永井大佐にも、配転の命令が出た（第四班はこのあと後任者空席のまま四月に廃止されている）。

東方社と関係のあった参謀たちも次々と前線に転出する者が多く、その壮行会を杉原の顔のきく浅草の吉原で何回も催した。こんな時期でも軍の関係といえば、昔通りの宴会ができたのである。ところがあるとき、途中で空襲警報が発令されて中止となり、真っ暗闇の中を黄色い将官旗を立てた自動車で、やっとのことで帰ってきたという。自宅が浅草で、この会に同席した国司の話である。

一月に入ってからは、連日内地のどこかが空襲されていた。初めのころは一万メートルの高空から、主として軍需工場や交通機関が狙われた。が、やがて米海軍の空母機動部隊も本土に接近して、艦載機も大挙して来襲するようになった。小型の艦載機は突然、低空から機銃掃射で襲ってくるので恐ろしかった。本土空襲は大方の日本人が予想していた以上のテンポで、激しさを増していったのである。

三月十日未明、陸軍記念日を狙って前夜からB-29百三十機が、波状攻撃で東京の下町を空襲した。この日、江東地区を中心に、焼夷弾の絨毯爆撃で八万人が焼死し、百万人が罹災した。都市無差別爆撃の最初であった。海側を除き、東・西・北の三方から焼いていったやり方は、完全に一般人の皆殺しを狙ったものといわれる。

民衆は逃げ道を失って隅田川に飛びこんだが、火炎は川を覆い、人びとは火と水のはざまで殺された。戦後、原爆の悲惨をうんぬんされることが多いが、それにも劣らぬ阿鼻叫喚《あびきようかん》が、この夜、東京下町の暗闇の中で繰り広げられたのである。

当時、中島健蔵は淀橋の十二社あたりに住んでいたが、九段方面に火の手が上がるのを見て、夜中歩いて東方社に駆けつけた。このときの空襲は下町が主であったが、市ヶ谷から九段にかけても焼夷弾攻撃にさらされていた。このときの状況を、中島は著書の中で克明に書き残している（『回想の文学』⑤）。

「やっと現場に来た。ビルディングは、すっかり火にとりかこまれている。しばらく様子を見て、裏へまわってみたり、正面に出ようとしたけれども、とても近寄れない。往来の木煉瓦まで焼けて、ビルディングの前から、『軍人会館』（註・今の『九段会館』）の方向に、火の粉が、すさまじい早さで流れ、ほんとうの火の海だ」

「やや火勢が衰えたので、思いきって、ひとりで走り出して、ビルディングの正面の火の海を踏みこえる。玄関の硝子戸が無事だ。ひょっとすると、とかすかな希望を持ちはじめながら、近寄る。ついこの間東方社が借りたばかりの左隣りの鶏屋の家は、なるほど跡形もない。そこへ、頬かぶりをして、顔の凹みという凹みを煤で黒くした編集部のEが、『先生！』

と声をあげて走りよってきた。『助かった！　助かった！　先生の本も助かりましたよ。みんなで、とても奮闘したんですよ！』『そうか、ありがとう』と握手して、すぐにSを呼びに走り、ドアをあけて中へとびこむ。まっ暗だが、焼けていない。『誰だ？』『中島だ！』『消したぞ！』」

「煤と、涙と（煙で眼をやられているのだ。）そして異様な、発狂を連想させる表情。狂気のような支離滅裂な声。窓のシャッターを少しあけると、机の上に一升びんがある。ラッパのみにしながら、みんな酔っているなと気がつく。この酒は、前の日に、部長の山川幸世が新宿から仕入れて持ってきてあったものなのだ。山川は、ほんとに泣き笑いをしながら、火を消した様子を喋りまくっている」

野々宮ビルは周囲を木造の商店に囲まれていた。一階の窓にはすべて鉄のシャッターがついていたが、まわりの火は二階の窓ガラスを割り、そこから火が入った。二階にあった総務部の部屋と、三階以上の高級アパートの住居は完全に灰になった。一階もシャッターが真っ赤に焼けて、内側のガラスを割り、カーテンが燃えあがった。それを数名の宿直社員が、徹夜で必死になって消火したのだった。

私が出社したときは、二階以上は燃えつきており、美術部の大きなガラス窓はほとんど割れて、緞帳のようなカーテンは半焼けのままぶら下がっていた。頭上の、中二階にある野々宮写真館の乾板倉庫はまだ燻《くすぶ》っていて、煙が吹き出していた。前夜からの消火活動で疲れ果てている宿直の人たちと交替して、私が消火にあたった。ホースの水はすべて階段を流れ落ちて、美術部の床はプールのようになり、階段に干してあったイタドリの葉がその水の上に浮いていた。

私の机の上には、やりかけだった「B-29はなぜ墜ちるか」という『戦線』の原稿が、カーテンの火が飛んだのであろう、ところどころ焼け焦げて散乱していた。水道の水が止まらなかったのは幸いだったが、地下の写真部は水びたしになって、これを汲みだすのに、バケツリレーという消火訓練が初めて役に立ったのも皮肉だった。

この朝、身を挺して東方社を守った海老原らは、うれしさのあまり、「東方社万歳！」と大書して玄関に貼りだした。これを見た近くにある九段憲兵隊司令部の憲兵が、「東京が焼かれたのに万歳とは何事か！」と血相を変えて飛びこんできて、一時はどうなることかと緊張したが、中島や山川がとりなして、なだめて帰した。警察同様憲兵隊も、眼と鼻の先にある東方社が、参謀本部の傘の下にあって、うさん臭い左翼的人間が出入りするのを快しとせず、かねてから眼をつけていたのだった。

社屋は残ったが資材を大量焼失

三月十日の東京大空襲は、本格的な都市爆撃の恐ろしさをすべての国民に教えることになった。軍と情報局からの発表しか出さなくなっていた新聞・ラジオで、損害が軽微であるかのように事実を隠蔽しても、焼けだされて命からがら逃げてきた罹災者の実見談は、口から口へアッという間に広がった。

お上《かみ》の指導のままに、防火用水とバケツ、火叩きで消火できると思っていた純真な下町の人たちは、逃げ遅れて隅田川に飛びこみ、二五〇メートルの川幅を対岸まで覆う火炎にあぶられて、火責め水責めの地獄の中で死んでいった。この夜の犠牲者は八万人とも十万人ともいわれ、そのすべてが民間人だったという。

当時米軍が「モロトフのパン籠」と呼んでいた焼夷弾は、直径十二センチ、長さ六十センチほどの、ナパーム性の油脂を入れた、鋼鉄製の六角柱を四十八本束にしたもので、これが空中で散らばって落ちてくるときは、ザアーッと滝のような音がした。

焼夷弾攻撃が始まる前にガソリンの臭いのする液体が雨のように降ってきたとか、後半に飛来したB－29は、燃えさかる炎と煙の中を、低空に降りてきて機銃掃射をしたとか、さまざまな噂が流れ、人びとは口には出せないが心の中では、今度空襲があったら真っ先に逃げようと決めたのだった。

この日から写真部員は空襲のときはその場で取材を開始できるよう、常にカメラを持って帰宅することになった。空襲の状況を記録するためである。東京が戦場になって初めて、宣伝用でない記録写真を撮ることになったのも皮肉なめぐりあわせであった。

最近刊行された『林達夫著作集別巻Ⅰ─書簡─』（平凡社）に、この空襲直後、林が友人の谷川徹三にあてて出した手紙（三月十四日付）が載っている。その一部を転載させてもらう。

「九段下の火災で野々宮ビルも見る影もない廃墟のやうな姿を呈してゐます。只東方社の在る一階地階だけは宿直員の「英雄的死守」で殆ど損害なしに残りました。二階以上六十家族は一早く逃げ出し助かるのがすっかり炎上してしまったわけでだらしのないことお話になりません、そのため我方の消防負担は何倍かに加重された次第です。山川幸世君なども殊勲者の一人でした。損害なしといっても二階にあった資材㊣にしても五万円ばかりは焼失しました。その他日配でフロントなど十一万部を焼きました」

製本所で焼けたという「戦時下の東京号」が、この中に含まれているのかどうかわからな

●東京大空襲後の焼跡。場所・日時不明。撮影・東方社写真部

いが、物的損害は結構大きかったのである。

社屋も火災から守ったとはいえ、水びたしになったうえ、数日間は電気もつかず、美術部の大きなガラス窓はすべて割れ、シャッターは外側からの火炎にあぶられて赤錆《さび》となり、大きくひしゃげて開かなくなっていた。

空襲が頻繁になってから、東京の主なビルには「帝都防衛軍」の兵隊が駐留していたが、野々宮ビルにも電信隊の一分隊が屋上につめていた。この分隊長の軍曹は、風貌は恐ろしいが気のいい男で、〝シャバ〟では板金工をやっていたという。社に若い女の子も大勢いることから、前からよく社内に遊びにきていて、社員とは顔なじみであった。手早く電気配線を応急修理したり、美術部の開かずのシャッターを、お手のもののハンマーで叩きながら、下から一メートルぐらいまで上がるようにしてくれた。しかし窓にガラスはなく、カーテンも焼け落ちているので、焼跡の三月のまだ冷たい風は、焼跡の灰とともに室内に容赦なく吹きこんでくるのであった。

焼け落ちるまでは足を踏み入れたことのない、上階のアパートの焼跡を探すと、ピアノやベッドの残骸にまじって、焼けた大型の電気ストーブも転がっていた。そのころの庶民生活では、電熱器といえば直径二十センチぐらいの電気コンロがせいぜいで、こんな大きなものは見たことがなかった。これを担ぎ降ろして、電信隊からコードをもらい再生した。タコ足配線なので時にソケットが燃えあがったりしたが、しばらくの間はこれで寒さがしのげた。この廃物利用技術がそれから後、何年も続いた焼跡生活の最初のノウハウであった。

10 東方社最後の日々

●「戦時下の東京号」表紙。人工着色・オフセット4色刷

参謀本部の縮小と林理事長

水びたしの写真部もどうやら機能を回復し、なんとか仕事ができる態勢になったが、空襲を境に出てこなくなった社員や、食糧の買出しに忙しい人も多く、仕事の能率はこの空襲を契機にさらに落ち込んでいった。このころ、美術部長の原は中国に出張している。米軍の機動部隊が沖縄を攻撃し、四月一日には上陸を開始していた時期である。何の目的でどういうルートで行ったのか、ついに聞けずじまいだったが、対外宣伝を中国に絞ろうとしていたときだったから、おそらくその視察と、現地機関との連絡のためだったと思う。

四月に入って参謀本部内部でも、戦局の進捗に合わせて大幅な改革が行われていた。東方社を管轄する担当課も、一九四三(昭和十八)年には課から班に格下げされていたが、その班もついに消滅することになった。戦局が決定的な負け戦では、対外宣伝などはほとんど意味も必要もなくなっていたのである。五月五日の、谷川徹三あての林理事長の手紙には次のように書かれている(『林達夫著作集』別巻I)。

「天下の形勢もひどく変りました。そして変り映えのしないのは日本の内閣のみです。三

●「戦時下の東京号」冒頭の見開き。飛行機雲は，1944年秋，B-29が初めて東京上空に現われたとき日本の戦闘機が残したもの

郎が阿南陸軍大臣の秘書官になりました。目下軍政統帥の一元化が行はれて居りそれにつながる人事移動《ママ》らしうございます。東方社なども所属が第二部第四班から第四部第十二課にかはり、この方の部長は軍務局長吉積中将、課長は軍務課長の永井少将でこの新設の部・課が何をやるところかまだ知らされてゐませんが、この兼任によってその性格の一端はわかるやうな気が致します。

小生はこの機会に理事長を辞めさせて貰ひ顧問のやうな地位にして貰ひました。但し顧問は古野伊之助、天羽英二、高木陸郎三氏ですから、名前は参与といふわけです。理事長を置かず、専ら中島、木村伊兵衛に

●「戦時下の東京号」より。服飾デザイナーに依頼してつくらせた戦時ファッション。焼ける前の野々宮ビル屋上で撮影

●同上・最終見開き。本土防衛航空隊と,〝ラジオ・トウキョウ〟の放送網を各国語の文字で表現したもの

運用して貰ふわけです。潰れかゝってゐた伏魔殿的存在を一応再建する使命を達成し得たので、もっと実質的な内面的な仕事の面で手伝ふといふことに戻った次第です。大詔奉戴日に建川総裁に代って詔書を奉読し訓示を与へたことが一度だけありましたが、さういふセレモニアルなことは実につらい仕事でした」

林達夫は一九四三（昭和十八）年三月、二代目理事長に就任して以来、やめる機会をずっとうかがっていたのではないか。林の信条、生き方、性格から推察しても、このような組織の責任者としての立場は、針のむしろに座っているような辛い毎日だったのであろう。参謀本部へのパイプ役だった弟三郎も改組異動で参謀本部を去り、請うて理事に入ってもらった中島健蔵が張りきって編集部を切り回している今が、やめる潮どきだと判断したのであろう。

林達夫はまた当時の本音を、心許せる友人谷川に出した手紙にこう書いている。

「湘南地方も不安動揺の色濃く艦砲射撃の幻影におびえてゐるようです。小生など休みの日に馬鈴薯を植ゑたり種子播きしてゐると不思議がられる程です。小生だって――否、小生の方が遥かに実状は識ってゐて大分腹の底ではトコトンのことを考へさせられたには相違ありませぬが、やっぱり来るものが来るまでは人間らしい生活を出来るだけ落着いてしたいと努力してゐる次第です。それで或は見られなくなるかも知れぬ六月に咲く薔薇の剪定も施肥も致しましたし生垣の刈込みもやりました。そしてこの頃は毎日夜は五十の手習をして居ります」

自分の命は自分で守る

三月の空襲から一ヵ月たち、やっと東京の交通機関も復旧した四月十三日夜半に、サイパンのB-29は再び大挙して東京を襲った。今度は山の手地区が主に狙われ、原の自宅のある牛込に火の手が上がった。米軍は綿密な計画のもとに爆撃しているようで、この日は江戸川(神田川)をはさんで私の住む小石川側には落とさず、川の南側(牛込)のみを焼いた。しかし今回は前の空襲の教訓でいち早く逃げた者が多く、焼失面積の大きいわりには死者は少なかった。もう誰も命がけで消火活動をする者はいなくなっていた。政府も軍もあてにならない、自分の命は自分で守らねばならない状況であった。一ヵ月おきの周期からすると、次は五月二十七日の海軍記念日あたりが危ない、というのが巷の大方の予測であった。

二度の大空襲で、防空壕もちゃちなものでは何の役にも立たないことが実証されていたので、我が家のものを至急つくり直すことにした。これはつくり直すというより、まったく新しくつくることであった。当時私の家は兄が出征していて、姉と妹と三人で住んでいたから、労働はほとんど独力で取りかからざるをえない。また夜間は外に灯火を出せないから、作業に割けるのは早朝と帰宅後の暗くなるまでのわずかな時間しかなかった。幸い、日の長い季節だったから助かったが、それでもせまい庭に、幅一メートル、奥行二メートル、深さ一・五メートルの穴を掘るのは容易ではなかった。

東京の市街では、空襲が現実になっているというのに、まだ強制疎開という住宅建築の間引きが行われていて、あちこちに取り壊した古材が積んである。夜陰に乗じてこの中から使えそうな柱や板、それにトタン板などを運んできて、内装に取りかかったのはもう五月に入っていたころであった。釘やかすがいなどの鉄製品は、もちろんどこにも売ってはいないから、古材から抜いて使うのである。

このように、すべてに二、三倍の手間がかかり、これなら大丈夫だろうという防空壕がどうやら完成したのは、すでに五月二十日を過ぎたときだった。仕上げには、前月の空襲で米軍機が落とした焼夷弾のカバーらしい、厚さ一センチほどの鉄板を焼跡から担いできて天井の土盛りの下に敷き、上に油脂焼夷弾の殻を一本おまじないに立てた。

人間は川向こうの焼跡に逃げることにしていたから、この壕はもっぱら荷物を助けるためであった。生活に必要な物や、重要書類などを入れ終えたのが二十三日、海軍記念日にはまだ数日あると思っていたが、その翌晩の午後十時すぎに空襲警報が発令され、間髪を入れず高射砲の音が轟き、空からの焼夷弾攻撃が始まった。

初めのうちは幾筋もの探照灯の光が闇の空を走り、B-29の憎々しい姿をとらえると、すかさず地上から機関砲の曳光弾が放物線を描いてそれを追う。味方の戦闘機であろうか、斜め後方からも曳光弾が花火のように敵機を追尾する。それはまさに映画で見るような空襲場面であり、戦場のスペクタクルであった。鉄カブトをかぶり、防空用の服に身を固めてそれを見あげていた私は、そのとき少しも恐怖感はなく、むしろその光景をなんと美しい情景だろうと思った。今このあたりで何十人もの人が死んでいるかもしれない状況の中で、映画の一場面を見ているような感銘さえ受けていたのであった。

あれは若さのせいであったのかもしれない。しかし生まれついてから戦争を賛美する教育を受けつづけ、ここ数年間は船が沈み、家が壊され、人が殺される話ばかりを聞かされてきた日本人に、生命に対しての正常な感受性がなくなっていたことも確かであろう。戦争とは麻薬のように人間を変えてしまうのである。今になって考えれば、当時の日本人のほとんどが〝集団発狂〟していたとしか思えない状況であった。

しかし空襲を〝鑑賞〟している時間はそれほど長くなかった。夕立のような焼夷弾の落下音を近くで聞いて間もなく、激しい煙が空を覆いはじめ、やがてそれが赤く染まりだすと、聞こえるのは敵機の爆音だけになった。とっくに味方の地上砲火は、火災の煙の中で敵の姿を見失い沈黙してしまった。

その辺から、戦前に書かれた戦争シナリオにはなかった場面が始まる。人びとは煙にまかれながら、まだ火災のひどくなっていない道を探しまわり右往左往する。家財道具を積んだリヤカーのふとんに火の粉がとんで、煙をあげているのに気づかず必死に逃げ場を探す男。疎開する先もなかったのだろうか、小学校低学年の子供の手を握り、背中に幼児を背負った女性が、行く手を火にさえぎられて呆然と立ちすくんでいる。防空頭巾の中で恐怖に見開いた幼い女の子の眼が、燃えさかる炎に赤く照らしだされる。しかし誰も声を出さない。口をきく余裕も叫ぶ気力もなく、必死に逃げ場を求めて、黙々と煙と炎の中をさまようだけであった。

これは戦争ではない。こんなことが戦争であってたまるか。今ごろ数百機のB-29のほとんどは、凱歌をあげて太平洋の上をサイパンに向けて飛んでいるであろう。私たちが今まで聞かされてきた戦争は、互いに武器を持って向かい合って戦うことだった。だが、今私たちを取り巻いているのは、空からの一方的な殺戮行為で、それまで教えられていた戦いの実感とはほど遠い状況であった。

内地にあって敵の姿も見ることなく、安全な場所で宣伝物などつくっていた私は、自分の命を狙われて初めて、近代戦争の非情さを実感したのであった。それはまた、大陸でもう十五年以上も日本軍が繰り広げてきた戦争の実体でもあったのである。

米軍が上陸したら上海に逃げよう

私は小学校と区役所にはさまれた、比較的安全と思われた空地に避難して、燃えさかる街を一睡もせずに眺めていたが、気がつくとどうやら夜も明けてきたのか、煙に覆われた空もいくらか明るくなってきたようだ。姉と妹は早々と川向こうの焼跡に避難していたから、おそらく無事であろう。道路は焼け焦げた電柱や電線にふさがれ、熔けたアスファルトがまだ熱を持っていたが、くすぶる煙の中を家があったあたりに戻って見ると、数時間前まで人びとが生活していた家々は、跡形もなく消え失せて一面の灰と瓦礫になっていた。完成が間一髪間に合った苦心の防空壕はどうなっただろう。期待と不安の中を我が家のあったあたりまで来ると、――あった、どうやら無事のようだ。しかし、あわてて開けると中にこもっていた熱で燃えあがることもあると聞いていたので、はやる心を抑えてあたりを点検する。

　台所の食器類はすべて、割れるか熔けるかしている。わずかに昨夜逃げる前に防火用水の桶に投げこんだ、夕食に使った食器だけが、下三分の一を焼け残した桶の中に残っているのも奇跡だった。何年も前から設置を強制されていた防火用水が、消火のためには何にもならず、こんなふうに役立つなど誰が予想したであろう。

　北側の部屋があった付近に、こんもりと他より高く白い灰が積もっているのは書棚のあたりだ。本は意外に、焼けるのに時間がかかるものらしい。そういえば前月の空襲で凸版印刷の紙の倉庫がやられたとき、建物は数時間で焼け落ちたが、大量の洋紙が四角い真っ赤な火の柱になって、何本も翌日まで燃えつづけていたのを目撃している。

　焼跡に為すこともなく座りこんでいると、近所の、兄の友人が現われ、ビッグニュースだという。沖縄の米軍が無条件降伏したというのである。日本軍の間違いではないかといいたかったけれど、「よかった、よかった。これで家が焼かれても日本が戦争に勝てるんだったら本当によかった」と素直に喜んでいる顔を見ると、何もいえなくなったのであった。

　戦時中、流言飛語に惑わされるなと、うるさく政府からいわれていたが、こういうデマも当時盛んに飛んだのである。意図的に当局が流したのか、やりきれない状況の中で、こうあってほしいという庶民の願いが自然発生的にこんな流言を生んだのかわからない。しかしこの時代のすべての日本人が、厳しい言論統制の中で、本当のことを何一つ知らされることなく、過酷な戦争経験を強いられていたのだから、常識では考えられないような噂でも、信じたのは当然だったのかもしれない。すべての情報が機密の網で押さえられていた戦時中の日本国内では、流言のほうが真実を語る場合もあったのである。

三度の空襲で、東京を壊滅させる米軍の作戦は一段落したのか、六月以降のB-29の目標は地方都市に移り、それからは毎晩のように中小都市が束にされて焼かれていった。しかし東方社のスタッフのうち、罹災していない者のほうが少なくなってしまった状況では、仕事はほとんど動かなかった。関連する印刷工場や役所も、参謀本部ですらも組織としての機能はマヒしていた。同じように、日本国内のすべての会社・工場の能率もガタ落ちになった。この時点で内地の戦争遂行能力はもはやゼロに近かったのである。

そんな状況でも社員たちは、不自由になった交通機関を乗り継いだり、歩いたりして社に出てきたが、やる仕事はあまりなく、数人ずつ集まって雑談と情報交換をするだけであった。そのうちに、中国語を勉強しようと誰からともなくいい出して、本場中国仕込みの小泉謙次を先生にして、「ニイハオ　ニイチイ　ファンラマ」から始めたのであった。

「早晩、内地が戦場になることは間違いなく予想されることだし、この際皆で上海に逃げることも考えていいのじゃあないかね」

というのが、上海を第二の故郷と思っている小泉のすすめであった。この状況で上海に渡れるかどうかはわからないが、とにかく今は何かをやっていないと、いたたまれない気持ちであった。

東京が大空襲を受けている間に、太平洋の戦場やヨーロッパでの状況は、急速に日本に不利に展開していた。すでに同盟国のイタリアもドイツも無条件降伏し、沖縄も完全に占領された。連合国側では、早くも戦後処理のための会議をサンフランシスコで始めたという。日本は世界を相手に戦うことになった。

日本の破滅は急速に迫っていた。

東方社解散――本土決戦態勢へ

三月の空襲では二階の総務関係の部屋が類焼して、経理の国司は金庫を抱えて山王ホテルに移った。しかしここも五月にはやられて、新橋の第一ホテルに場所を変えた。このときの空襲では金富町の旧社屋も焼失した。こうして事務所も住まいも転々とする者が多くなったが、そのころ東京で一番安全なところは焼跡であった。そこはこれ以上、敵に狙われることのない唯一の場所だったのである。だから私は、助かった防空壕の五〇センチ×一五〇センチの空き間に寝泊りし、そこからしばらく社に通っていた。

私が保存しておいた戦時の記録の中に、収入・支出の数字がある。それによると六月に賞与三百五十円が、七月に入って解散手当として二千百円が支給されている。これは百円前後の月給のとき、なかなかの大金である。経理の国司のメモにも、

六月二十八日　賞与二四、〇〇〇

七月四日　解散

七月六日　甲府空襲　手当一二七、八八〇

の文字が記されている。

五月から六月にかけて、参謀本部の改組に関連して、東方社の立場に大きな変動があったようだ。当時私たちが聞いたところでは、東方社の所属が参謀本部から離れて、東部軍司令部の管轄になるということだった。そのために一旦解散してやめたい人はやめ、続けたい者

は残って次の指示を待つということになった。

七月、中島、木村の両理事長代行が、社員一人ひとりを呼んで、意向と決意を聞いた。私は東京生まれの東京育ち、両親ともに死んでいて、行くところもなかったから、社に残してもらうことにした。このときやめていった人が誰と誰であったか、自分はどうしようとしたのか、敗戦直前の混乱と動揺の中のことでもあり、今となってはすべての人の記憶は曖昧である。

国司メモの七月二十五日の欄に〝菊池渡辺送別〟とあるが、写真部の菊池は戦後まで残って原爆写真を撮影している。几張面な国司だったが、この時期のメモは乱れがちで、曖昧な部分が多くなっている。これは推測だが、特高や憲兵隊に狙われていた人の中には、東方社が参謀本部から見離されては、もはや身の安全は期待できないと判断して、黙って自身で別な道を探して去った人もいたのではなかろうか。

こういう状況だったから、七月から八月にかけては、ほとんど仕事はしていなかった。私たち一家も防空壕住まいから、神田の焼け残った商店の二階に移り、さらに同じ美術部の中野菊夫が心配してくれて、同家に一時、間借りしてから、家族が疎開して空いている庭つきの家を阿佐ヶ谷で借りることができた。着のみ着のままの生活だったから、わずかの間の目まぐるしい引っ越しも苦にならなかった。山手線の外はあまり空襲の被害を受けていなかったので、焼け出された人は多く親戚知人を頼って郊外に移ったのである。

鉄道は空襲のたびに被害を受けて不通になったが、短時日で復旧した。戦時の国鉄は国の動脈として、最優先で修理されたのである。社の人たちの中には、買出しの乗客で混雑する鉄道で、遠く千葉や茨城から、現在の何倍もの時間をかけて通勤してくる者もいた。そして何ということなしに部屋の隅に集まって、政府・軍部のやり方をこきおろしたり、闇食糧の情報交換をしていた。

このころ、中島の提案で社内で古書市を開いたことがある。焼け出された者のほとんどは、その蔵書を失っていた。空襲で焼失した家庭には、一律に戦災保険の三千円が支給されたが、闇の食糧以外には、街には何も買うものがない。当時としては大金であったが、戦時インフレの進行の中では見る見る目減りしていくだけである。一方焼残り組は、物は持っていてもカネがなく、闇食糧を買う資金がない。そこで、社員同士で有無を通じようというのである。そのとき私は何冊かの本を購入したが、その中の、レマルクの『西部戦線異状なし』を読んで、敗戦の状況下の我が身と引きくらべて身につまされたのを覚えている。

当時は空襲も怖かったし、腹も減っていたが、何かを考えずにはいられなかった。私はありあわせのノートに、毎日のように思いつくことを書き綴っていた。

東部軍の管轄下に入ることになったといっても、何の指示もないままに七月も終わり、やがて一九四五（昭和二十）年の八月になろうとしていた。

原爆投下とソ連の参戦――日記から

参謀本部との縁が公式には切れているので、今までのようには情報が入りにくくなっていたが、時折顔を見せる斎藤嘱託の話や新聞社筋から、米・英・中の三国（ソ連は参戦後の八月八日から参加）がドイツのポツダムで会談を開き、日本に無条件降伏を求める宣言を行ったという情報が入った。

もうこの辺で戦争はやめるべきだ、無条件降伏だって、ここまでやられているのだからやむをえまい、というのは妻子を抱える三十代以上の大方の意見であった。いや、まだまだやれる、ここで手をあげたら今までの苦労が水泡に帰してしまう、というのは若い独身者の意見だったが、それが彼らの本音であったかどうか疑問であった。この差は軍国教育による洗脳の度合いの違いであり、戦前の平和な時代の生活を経験しているか否かでも違っていた。

私のような年代は、戦時生活と比較する他の生活を知らなかったのである。しかし意見の違いはあっても、一般国民より実情がわかっていただけに、誰もが心の底では戦争はもういいかげんに終わったほうがいいと思っていた。

六日昼ごろになって、広島に巨大な爆弾が落とされたらしいという情報が、同盟通信筋から飛びこんできた。広島の市街が一発で消えてしまったという。これは、話に聞いていた原子核反応を利用した高性能爆弾にちがいない。子供のときから講談社の雑誌などで読んでいた未来戦物語では、必ず最後に日本が発明してアメリカに勝つ、という夢の究極兵器であった。日本でも、仁科研究所などで開発が進められているという噂も流れていた。それをなんと敵が先につくってしまったのだ。読んでいた戦争小説の筋書きとは逆になって日本がやられたのである。これはいよいよ大変なことになったと、誰もが慄然とした思いに包まれたのであった。

十年ほど前に、書庫の整理をしているときに、古い箱の中から当時書いたメモ風の日記が出てきた。以前から思いつくことをノートなどに書き綴る習慣があったが、原爆投下を聞いた後の八月八日から十五日までの分は、いつ原子爆弾にやられて死ぬかわからないので、持ち歩ける古い手帳に、遺書にするつもりでいつもより堅苦しい文体で書いたのだった。

今読み返せば拙《つたな》い文語調の表現の中に、植えつけられた軍国少年の一途な思いが、個人の力ではどうしようもない敗戦の現実に揺れ動いているのが読みとれる。しかし建て前と本音が交互に出てきたり、特に天皇に関する記述になると硬直した紋切り型になるのも、恥ずかしくも恐ろしい思いがする。

八月八日（水）

今日は吾が誕生日なり。昨日の大本営発表によって公表された広島爆撃問題で社内騒然たり。

原子爆弾なるらし。その威力一里四方也と云ひ、四里に及ぶともいふ。死傷者六桁に達すと。

吾が二十三歳の誕生日は命日となるやも知れず、B-29単機来襲に薄気味悪し。まこと原子爆弾なりせば一大事件なり。吾が国にとって致命的な痛手ともなるべし。

八月九日（木）

新型爆弾につきトルーマンは原子爆弾一個を使用せり、との声明を発した模様。此れが完成者は英国の科学者らし。

原子爆弾の出現により戦争中止論飛び出す。戦意失ひたる模様。午后、ソ聯攻撃開始の情報入る。愈々《いよいよ》来たな、スタ公。原子爆弾の出現に相当泡を食ったらしい。

畜生、愈々世界が相手だ。

八月十日（金）

一般には新型爆弾よりも、ソ聯の参戦に衝動を受けて居るらしい。しかし問題は新型爆弾だ。もっとこの爆弾による被害の実相を発表すべきと思ふが如何？　殊に全世界にその残虐性を公表することは必要だ。地上五百米の高度に於て爆裂し、閃光と共に強大な爆風と熱線を発すと。原子爆弾なること殆ど確実なり。

本日、阿南陸相、下村情報局総裁より、訓示と談話ありたり。陸軍はあくまで戦ふ決意なるらし。それにしても首相、海相の沈黙せしは如何。

本日、終日艦載機とB-29・P-51の空襲あり、帝都周辺の工場地帯たたかる。

八月十一日（土）

本日の朝刊何れも新聞側としての明確な意見を避けて居るらし。新型爆弾に対し帝国抗議を申込む。

午后、三神氏来社。新聞筋の情報として、吾が国遂に休戦を申入れたりと。唯一の条件として国体の存続を求めりと。社内に一瞬沈鬱な空気流れ、降伏是非論盛んなり。

夕刊に米政府十日緊急閣議中なりと報ず。意味深長なり。

夜中、B-29三機宛数波になって不思議な行動をせり。空襲警報再度。

八月十二日（日）

今日は日曜なり。昨日からの新聞の論調にもっぱら、国体護持、民族保全のための皇国民の衿持と秩序を要望するや切なり。此れ或る事を意味するならん。

午の報導、戦況発表なし。午後、当局の緊急たっしにより米の一ヶ月分前渡しあり。今朝来一度も警報発令なし。愈々休戦事実らし。

終日憂鬱なり。此処一両日の政府発表文や新聞の論調を読みかへすと何れも暗に休戦をほのめかすものゝみ。「敵撃滅に邁進《まいしん》すべし」と明言して居るは、陸相の訓示のみなり。

座敷側の庭、耕す。食糧問題の重大化を予想せられる。

夜半まで警報発令なし。演芸放送続く。近隣からは古レコードのジャズソングを流す者あり。日米相戦って三年八ヶ月、かかる状況の下で国内に敵性音楽を楽しむ者あり。又何をか云わんや――敗戦亦、当然といふべし。

八月十三日（月）

朝、眼を覚ませば既に明るし。昨夜も遂に一度も警報なし。疑心愈々つのる。

五時三十分頃警報発令。続いて空襲警報。情報は艦載機なり。九時頃までの来襲はげし。

既に五百に達せんとす。十一時頃出社。再び空襲。

東方社では既に謀略宣伝物、書類の整理を始む。整理しつゝ思ふ東方社三年有余の憶出、製作品の一切焼却なり。感慨無量。

今朝の新聞の論調、気の故か総べて休戦を意味するが如し。曰く、国体護持、曰く大国民の衿持、国家にも消長あり、長期に亘る忍苦に耐へよ、等々。

如何なる降伏条件になるか知らぬが、さんざん本土を荒した機動部隊が東京湾に入り、敵兵が我物顔に国土を汚す事を考へると、思っても腹が立つ。口惜しい、残念だ。仇敵を眼前にして一矢も報いる事もならず、為すがままにさせねばならぬとは。

終日警報発令のまま、今日も又好天なり。青空、夏雲、灼熱の太陽、緑の並木、夏だ。然し気は重い。

B-29攻撃は夜半に至るもなし。此処一両日我航空部隊の敵船攻撃の事なし。或ひは特攻々撃とB-29爆撃の局部停戦ならん可？ 敵は沖縄の戦爆で西部諸都市の焼爆を行ひ、敵艦船今までにない大胆さで沿岸に接近す。

八月十四日（火）

昨夜再度B-29単機京浜上空に侵入、都民をおびやかす。明け方にも二度来襲。今朝の新聞、大した論調見られず。然れども交渉難航ならん。昨夜B-29の撒きし伝単を見る。講和問題に於ける彼我の通達文を公表しあり。ほゞ予想と噂は適中しあれども、恐らく十二・三《ママ》続されつゝある模様。

吾等たゞ固唾呑んで待つのみ。然れども国家の運命は遂に土たん場まで来たり。戦ひ続けるも日本民族の滅亡たり。戦ひを中止し和を講ずるも亦民族の生存をあやふくす。二千六百有余年の日本及び日本民族の運命ここ数日に決せん。我等唯待つのみ。憂慮しつゝ待つのみ。

朝来久しぶりの曇天なり。敵機来襲なし。蟬時雨盛んにして夏たけなはなり――午后、遂に無条件降伏の報入る。今日午后二時なりと。発表は今晩か明日ならん。

午后一杯かゝって書類と印刷物の焼却する。何度か眺めた焔なれど、我と吾が身を焼く此の火、幾年かの苦心の蒐集品、作品、一切の灰塵となって行く。

宿命の日は来たれり。身の廻りを一通り片づけ持ち帰へる。今や何をか云わん。唯情勢の推移にまかせて、強く生きのびんのみ。総ゆる苦難に耐へて明日のために闘はう。

心重し。今夕のラヂオ、報道以外一切中止。明日正午重大発表ありと報ず。

九時、トルーマンの原子爆弾に関する演説を公表す。

八月十五日(水)

夜半B-29数波に別れ関東各地を襲ふ。どこまで残虐性を発揮するのかわからない。地上砲火猛然と之を邀撃。

明け方より又も艦載機来襲。畜生奴等何処まで日本人を殺したら気がすむんだ。終結に臨んで愈々奴等の鬼畜性暴露す。本日正午陛下御自ら、ラヂオ放送により大詔渙発あらせらるとの事、恐れ多き極みなり。

終章　一九四五年秋

朝日新聞

戰爭終結の大詔渙發さる

新爆弾の惨害に大御心
帝國、四國宣言を受諾
畏し、萬世の爲太平を開く

必ず國威を恢弘
聖斷下る途は一つ
信義を世界に失ふ勿れ
内閣告諭

國の焦土化忍びず
御前會議に畏き御言葉

再生の道は苛烈
決死・大試煉に打克たん

國體護持に邁進

支拂制限せず
インフレ防止に萬全措置

秩序ある結束

●1945年8月15日付『朝日新聞』

敗戦――『FRONT』の印刷工場を探す進駐軍

正午の天皇の放送は、十人ぐらいの社員と最上階にあった電信隊のラジオで聞いた。初めて聞く天皇の声は不思議な抑揚で、電波の調子も悪く雑音が多くてよく聞きとれなかったが、日本降伏のことは数日前からわかっていたのでショックは少なかった。一緒に聞いていた女性たちはすすり泣いていたが、男たちは内心ほっとしながらも、しかし何か虚脱したような表情で、灰が積もって白じらした焼跡の階段を無言で降りた。

敗戦が確定して『FRONT』などの焼却は急がねばならないので、出てきている全員は汗だらけになって、地下のボイラー室に「陸軍号」や「海軍号」を運ぶ。ところがボイラーなどいじったことのない者ばかりだから、あわててくると、やたらに本を放りこんで、送風装置を目いっぱいに上げてしまう。そのうち外から帰った社員が飛びこんできて、

「おいおい大変だぞ、焼跡は軍艦や飛行機だらけだ」という始末。

送風を強めすぎたので半焼けのまま煙突から飛びだし、九段下一帯にばら撒いてしまったらしい。

●敗戦直後の国電。撮影・文化社写真部

日がたつにつれて顔を見せなくなる者が次第に増え、真夏とはいえ暗い室内は冷え冷えとした寂寥感がただよっていた。田舎に帰りたくとも故郷はなし、元の職場に戻りたくとも会社は行方不明。店も資材も焼いてしまったカメラ店の店主たち、そしてこの東方社が初めての職場で、帰り場所のない私のような若い者など、どこにも行きようのない者たちが、社名も実体もなくなってしまったこの部屋に毎日通ってくるのだった。

中島、木村、原、それに総務の山本理事など、最後まで一緒だった幹部の人たちは、そうした行き先のない元社員たちの、これから生きていく方策を立てねばならないと責任を感じていた。一ヵ月前に配った解散手当などは、空襲激化以来急激に動き出したインフレと、闇食糧の購入にどんどん目減りしている。幸い、分散してあった印刷用紙が、焼け残った倉庫に助かっているのもあるので、これで出版物をつくって当座を食いつなごうということになった。慣れない経営に、敗戦後に残った元幹部たちの苦労は大変だったと思う。

また東方社は参謀本部傘下の団体だったから、戦争犯罪者として進駐軍に捕まるのではないかという危惧もあった。そうこうするうち凸版印刷から急な電話が入り、ジープに乗った進駐軍の将校が、数冊の『FRONT』を持って乗りこんできて、

「このマガジンを印刷したのはお前のところか。そうだったら責任者はただちに出頭せよ」

といって帰ったという。

いよいよ来たかと、凸版印刷の幹部も東方社の元幹部も震え上がったが、結果は、これだけの印刷ができる能力があるのなら、占領軍の仕事を発注するというのだった。その後GHQに出入りする日本人から、アメリカ側の判断では、「対外国、対敵国の宣伝は、通常の戦闘行為と見なし、戦争犯罪に含めない」という情報を聞いて、幹部だった人たちはほっとしたようだった。

それにしても、アメリカの情報機関は早くから『FRONT』を手に入れ研究していたらし

い。それは前にも述べた通り、おそらく中立国経由か、中国の重慶政府を経由して入ったものと思われる。

また、初代理事長である岡田桑三は、東方社をやめてから満州に渡っていたが、敗戦後満州に進駐してきた八路軍の幹部から、自分たちも『FRONT』のような宣伝雑誌をつくりたいので協力してほしいといわれたそうである。しかし今の中国やソ連の状況では、資材や印刷技術の面で無理であることを説明して断わったという。

食うことに精いっぱいの、その日暮らしの国民であったが、その中で街の商店や軍需工業に転換させられていた企業は、早くも戦後の再建に乗り出していた。焼残りのビルに集まっていた東方社の〝残党〟たちも、ぐずぐずしてはいられなかった。再建にあたって、まず七月の時点で消滅していた社に、新しい名称をつけなければならない。変わり身が速すぎるようでいささか気恥ずかしさがなくもないが、「文化社」という名前が決まり、新会社が発足したのは十一月であった。

最初の出版物は原の企画で、『PICTORIAL ALPHABET――児童ABC絵本』という、B5判三十二ページの子供向けの薄い本で、定価五円であった。こんな簡単な印刷物でも、荒廃した日本の印刷状況では何ヵ月もかかり、奥付の発行年月は翌一九四六（昭和二十一）年の二月になっている。

三月十日の東京大空襲以後、空襲の記録を撮りはじめていた写真部のスタッフは、木村伊兵衛や中島健蔵の意向で、敗戦後の東京の姿を克明に記録しておこうということになった。敗戦とともに疎開していた人びとや復員軍人が帰ってきて、一時激減していた東京の人口は急速に膨れあがり、駅の近くの路傍には、どこも闇市が発生していた。それは戦時中には見ることのできなかった人間臭い姿であった。こういう敗戦の様が見られるのは、おそらくここ数年間だけのことであろう、今こそ誰はばかることなく、ありのままの姿を写真に記録しておくべきだというのが、当時の全スタッフの気持ちであった。部員たちは空っ腹を抱えて街に出かけ、しかし戦時中より明るい表情で写真を撮りまくった。

●『PICTORIAL　ALPHABET――児童ABC絵本』表紙

だが、軍という強大なバックから離れ、焼跡で出版社として再出発しようと苦労している文化社に、つづいて、戦後に多くの日本人が受けた試練が襲った。進駐軍による野々宮ビルの接収命令である。焼けビルだから大丈夫だろうと思っていたのだが、さすがに占領軍は眼が高く、このビルがかつて日本ではめずらしい高級アパートであったことをつきとめ、復旧して女性将校の宿舎にしようというのであった。マッカーサーの名による命令はかつての軍部より厳しく、一週間の猶予もなく追い出されたのであった。このとき文化社では焼け出されていた社員に、一組ずつの机と椅子を支給したが、この机は今でも我が家に健在である。

山本房次郎は、小石川の、旧東方社の社屋のあった焼跡の土地に、新社屋を建てるべく奔走した。全国の主要都市が焼かれて、復興しなければいけない住宅が何百万もあるという時代である。材料を手に入れるのは至難の時代であった。しかし一九四六年の夏には、暗室つきの、三十坪ほどの建物が完成した。進駐軍に追い出されて一時集まる場所もなかった文化社のスタッフは、やっと再建の場所を得たのであった。

広島・長崎の被爆記録に取り組む

一九四五（昭和二十）年の秋、敗戦後の東京の撮影が始まったころ、戦時中、ニュース映画を一手に撮っていた日本映画社（日映）から、原爆被災地のスチール写真を撮ってほしいという話が入った。敗戦直後文部省は、「日本学術研究会議・原子爆弾災害調査特別委員会」という組織をつくり、記録映画を日映に依頼した。同時にスチール写真も撮ってほしいということだったが、日映にはそうしたスタッフがいない。東方社にも関係があって顔なじみだった加納竜一から木村に話があり、文化社の写真家が同行することになった。

広島や長崎は当時、当分草木も生えないと噂されていたし、放射能の被害も次第にわかってきていたときだったから、相当覚悟のいる仕事であった。この撮影に参加した林重男は、『原爆を撮った男たち』（草の根出版会）の中でこういっている。

「噂によれば、七十五年間草木も生えないといわれ、もし行けば頭は禿るし、子どももできなくなるということで、かんかんがくがくの状態でした」

「私はその時すでに子どもが生れていたので、菊池さんに俺行くぜといった気がする」

その菊池俊吉は、

「おぼえているのは木村さんに行かないかといわれたことですね。その当時は先行きがまっ暗で、どうして生きていくかがまず第一でした。仕事をしないで、まったくだまっているのがつらかったので行くことになったと思います」

と、同書の中でたんたんと語っている。

林は物理班に行き、菊池は医学班を受け持つことになり、以前から学生勤労動員で東方社に来ていた田子恒男が、助手として菊池に同行することになった。

日映の撮影スタッフは総勢三十三名。九月二十七日に東京をたち、爆心地に入ったのは十月一日であった。それより前、九月十七日に西日本を襲った巨大な枕崎台風の被害で、ライトも使えない状況の中で撮影が開始された。宿舎も食糧もあてのないままに始めた取材だっただけに、撮影以外にも苦労の多かった二十一日間であったが、スタッフは原爆被災者のむごたらしい状況を眼のあたりに見て、戦争の悲惨を後世に残すために必死に撮影を続けた。

こうして苦労して制作した記録映画だったが、この年の暮れ、日映に対しGHQから命令が出て、すべての映画フィルムが接収されてしまった。当然、スチール写真を撮影している文化社にも撮影したフィルムの提出を求めてきたが、写真部責任者であった木村伊兵衛は、

「私ら写真家が撮影したネガフィルムは、あなた方の武器と同じだ。私たちはこれで仕事をしている。このフィルムが必要だというなら、あなた方の武器と交換しよう。それが駄目なら私たちは何枚でもプリントして提出する。しかし残念なことに私たちは戦争に負けて印画紙も現像液もない。だからそれも無理だ」

と返答したという。GHQ側も映画に付随した写真だからと軽く考えたのか、それ以上追

●広島赤十字病院前で。撮影・菊池俊吉

及することなく、それなら必要な印画紙と薬品の数量を出せといってきた。

その数日後に、さっそく二台の大型トラックと一台の小型トラックが野々宮ビルの玄関に横づけされ、大型のドラム乾燥機を含むコダックの印画紙や現像薬が、どさっと持ちこまれた。米軍のこうした物量、スピード、機動性をまざまざと示されて、これでは日本が戦争に負けたのは当然だったと、あらためて一同で慨嘆したと林は述懐している。

こうして、木村の度胸ある交渉で、二人の撮影したフィルムは手元に残り、当時の貴重な原爆記録として、原爆の恐ろしさを今日まで多くの人たちに伝え、反核運動に大きく寄与することになったのである。

『FRONT』が戦後に残したもの

サイパン陥落のときに日本の敗北を予言した建川美次は、終戦後一ヵ月もたたない九月九日に亡くなった。享年六十六歳、死因は不明である。日露戦争で建川挺身隊長として功績をあげ、後世『敵中横断三百里』などの軍国小説のモデルとして有名となり、二・二六事件ではは決起した青年将校らの黒幕と見なされて退役になったという経歴を持つだけに、一般には右翼の巨頭のように思われていた。しかしその履歴を見れば、参謀本部の第一、第二部長以外に、英国、インド、中国などの駐在武官もつとめ、国際連盟やジュネーブ軍縮会議にも派遣され、また太平洋戦争開始前後の、国際情勢の最も微妙な時期に、駐ソ大使としてソ連を押さえる役割を担った、陸軍の中では欧米に眼を向けていた数少ない国際通であった。

それだからこそ、自由な文化人の集《つど》っていた東方社の雰囲気に溶けこむこともできたのであろう。また意外なことに彼の紹介で入社した人には、山川幸世や歌人の中野菊夫など、左よりの反権力的な人が多かった。大詔奉戴日のような国家的な儀式の日でも、私たちの前には一度も軍服で現われたことがなかった。気骨だけではない明治人であった。

戦後の混沌の中で、中島、木村、原、山本らが中心になって創立した文化社には、東方社が初めての職場であった写真部や美術部の若いスタッフが多く残った。戦後の混乱の中を、こうした社会的に未経験な若者を三十余人も引きつれて生きていくのは容易ではなかっただろう。

一九四五（昭和二十）年秋に、写真部員が総出で撮影した東京のドキュメントは、翌年の四月に『東京一九四五年秋』という書名で写真集として発行された。B5判六十四ページ・グラビア刷、中綴じだがカバーがけの表紙をつけた、敗戦直後の当時としては贅沢なつくりであった。印刷用紙やインキなどの資材は東方社時代のものが使えたので、他ではできない立派なものがつくれたのである。この本は進駐軍のPXにもおさめることになり、和英併記で記述されている。この中に使われた写真は、木村伊兵衛をはじめとするスタッフが国家宣伝という使命から解放されて、見たままをありのままに撮った解放感がよく出ている。

しかし激動する戦後の社会・経済の中で、それまで軍という巨大な力の庇護のもとに甘えていた、経営力や経済観念の希薄な技術者集団の力では、その荒波を乗りきることは到底できなかった。一九四六年の秋には再び解散せざるをえなくなったのである。出版活動としては二冊を出しただけで、ただ企画と取材がすでに進行中であった新雑誌『マッセズ』は、庶

●三宅坂付近の焼跡。撮影・文化社写真部。1945年秋

務の井筒有が社名とともに経営を引き受け、編集を山室太柁雄が、写真を菊池と動員学生だった浅野隆が、またレイアウト・デザイン関係を私が担当して続けることになった。こうして一時は総勢百人を超した東方社も、ついに五人になってしまったのである。

この第二次文化社は、有楽町の焼けビル電気クラブや、丸ビルの地下などを東方社遺産のデスク一つで転々としながら、グラフ雑誌『マッセズ』を曲がりなりにも第五号まで出した。また菊池らが撮影した広島の写真を中心に、木村や原にも協力してもらって、写真集『LIVING HIROSHIMA』を発行した。これはハードカバーの、贅沢な写真の本であった。食いつなぐために、東宝映画が募集した

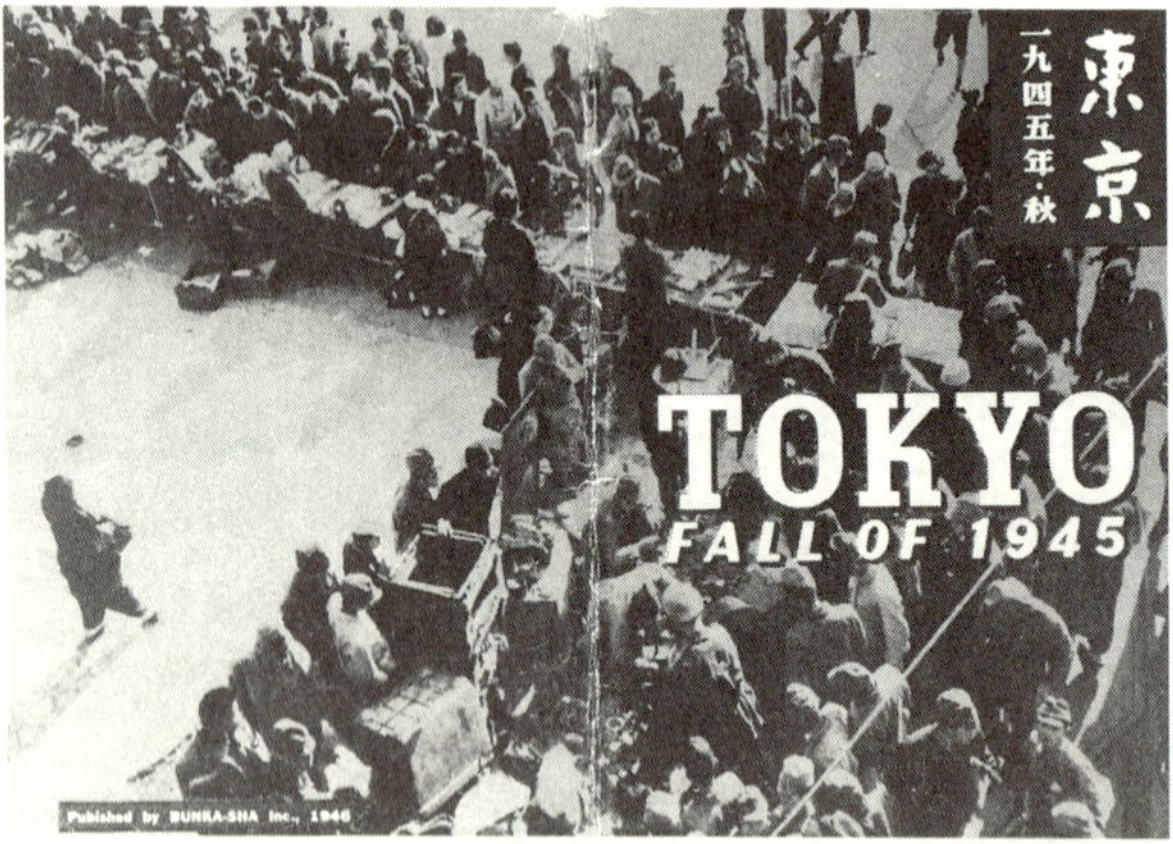

●『東京1945年秋』表紙。新宿駅前の闇市風景。当時はどこの駅前にもこうした風景が見られた。赤色地に黒い写真を重ね，焼土となった東京を象徴

●『東京1945年秋』より。食糧の買出しのため，大荷物を背負った人びとが郊外電車の駅に殺到した

ニューフェイスの『スタア・ポートレート集／あでびと』などを出したが、東方社で贅沢な仕事ぶりに慣れたスタッフには、売れそうなものをてっとり早くつくることは苦手で、制作している間にインフレはどんどん進んでしまい、どんな本も採算割れで赤字となり、ついに第二次文化社も一年で戦後の荒波の中に消滅した。

●『マッセズ』創刊号（1946年12月25日発行）表紙。写真・菊池俊吉，構成・原弘

こうして肩を寄せあって戦争の嵐の中を生きてきた東方社のスタッフは、一九四五年し月から十二月までの間に、ある者は田舎に引っ込み、またある人はもといた出版社や商売に戻っていくなど、ちりぢりになっていった。数人のグループをつくって写真や出版の会社を興した者も多い。そして戦後の長い困苦に満ちた生活を経て、出版、デザイン、写真などそれぞれの世界で、東方社時代に培った技術を生かして活躍することになるのである。

悲劇、東方社『FRONT』の歴史

宣伝というものは所詮平和であってこそ、その効果を発揮できるのである。対外文化宣伝を目指してスタートした『FRONT』は、最初の号が計画されたとき、世界中は戦火の巷になっていた。そして号を重ねるとともに、その配布は困難になり、占領地の民心は宣伝などで左右される状況ではなくなっていった。だから、ほとんどその本来の力を発揮することなく、最後はB-29による爆撃で、敗戦を待たずに留《とど》めを刺されたのであった。それはあたかも、戦前の日本海軍が膨大な軍事費と当時の工業技術の粋を集めてつくった、巨大戦艦「大和」と「武蔵」が、開戦と同時にその意義を失い、ほとんど役に立つことなく最後は米空軍のために南海の藻くずと消え去った運命に、あまりにも似ていたのであった。

今から六十年前の昭和初期の時代から、新しい芸術運動としての写真やグラフィック表現を日本に導入しようとしていた岡田桑三、木村伊兵衛、原弘らは、平和な時代であればもっと早く、先駆者としての輝かしい足跡が残せるはずであった。しかし彼らの仕事が実を結ぼうとする時期が日本の十五年戦争と重なってしまい、その実現には軍部と結んでの宣伝という、不本意な形を取らざるをえなかった。そしてまた、そのスタートが開戦と同時だったのも、彼らにとってさらに不幸なことであった。

今改めて振り返ってみて、東方社という組織の本質は技術者集団だったのではないかと思う。原弘や木村伊兵衛はもちろん、この組織をつくった岡田桑三も、岡田のやめた後の混乱期を切り盛りして、戦後までその中心となって働いた中島健蔵も、ものを創ることの好きな、いわば第一級の職人であった。彼らはもともと文化としての写真や映画、そして出版物をつくることに打ちこんできた人たちだったから、社会が戦争一色に塗りつぶされていく中で、銃をとることを強制されるより、たとえ軍の組織であっても、そうした仕事ができる立場を選んだのは、あの時代としては無理のないことであった。

東方社が技術者集団であったことは、原と木村の二人が、創立のときから第二次文化社の消滅にいたるまで、変わることなく組織の要《かなめ》に位置していたことでもわかる。またこの時期に二人に師事した若手の写真家やデザイナーも、ほとんどが最後までやめることなく、ここで身につけた技術で、戦後、それぞれの分野で仕事を続け活躍した。このことは組織の指導者であった二人が、同時になみなみならぬ技術者であったことを証明するであろう。

それに対して理事は、岡田、林をはじめ出入りが多かった。戦前に将来を嘱望され、戦後も学芸の世界で重鎮となった林、岡、岩村らの学者たちは、理事という肩書こそあったが、気持ちのうえでは単なる協力者でありつづけたのではなかろうか。しかし、そのように思惑が違ったにせよ、あの厳しい戦時下の社会状況の中で和やかな雰囲気を保ってこられたのは、中島がその著書でいったように、この集団のメンバーが、反権力的な謀叛気を内に秘めていたからであろう。権力機構からほど遠く、政治的にも経済的にも最も弱い立場にある自由文化人が、全体主義的強権政治の中で生きのびていくための一つの行き方を、私は当時の東方社のあり方に見ることができたのである。

ともあれ、右傾化する戦前の社会の中で、進歩的で新しい思想や技術の導入に積極的に取り組んでいた、決して戦争肯定者などでなかった人たちが、異常で過酷極まりない戦時状況に巻きこまれて、国家宣伝という、むなしくはかないものに取り組まざるをえなかった悲劇が、この東方社——『FRONT』の歴史であった。戦後四十余年を経た今、当時中心となって組織を支えた人たちはすべて亡い。しかもその人たちが戦時中の経験を書き残した言葉はきわめて少なかった。それはおそらく、彼ら自身の先進的な仕事に対する自負心よりも、自らの悲劇を語るつらさのほうがはるかに大きかったからであろう。

補論『FRONT』、その制作現場

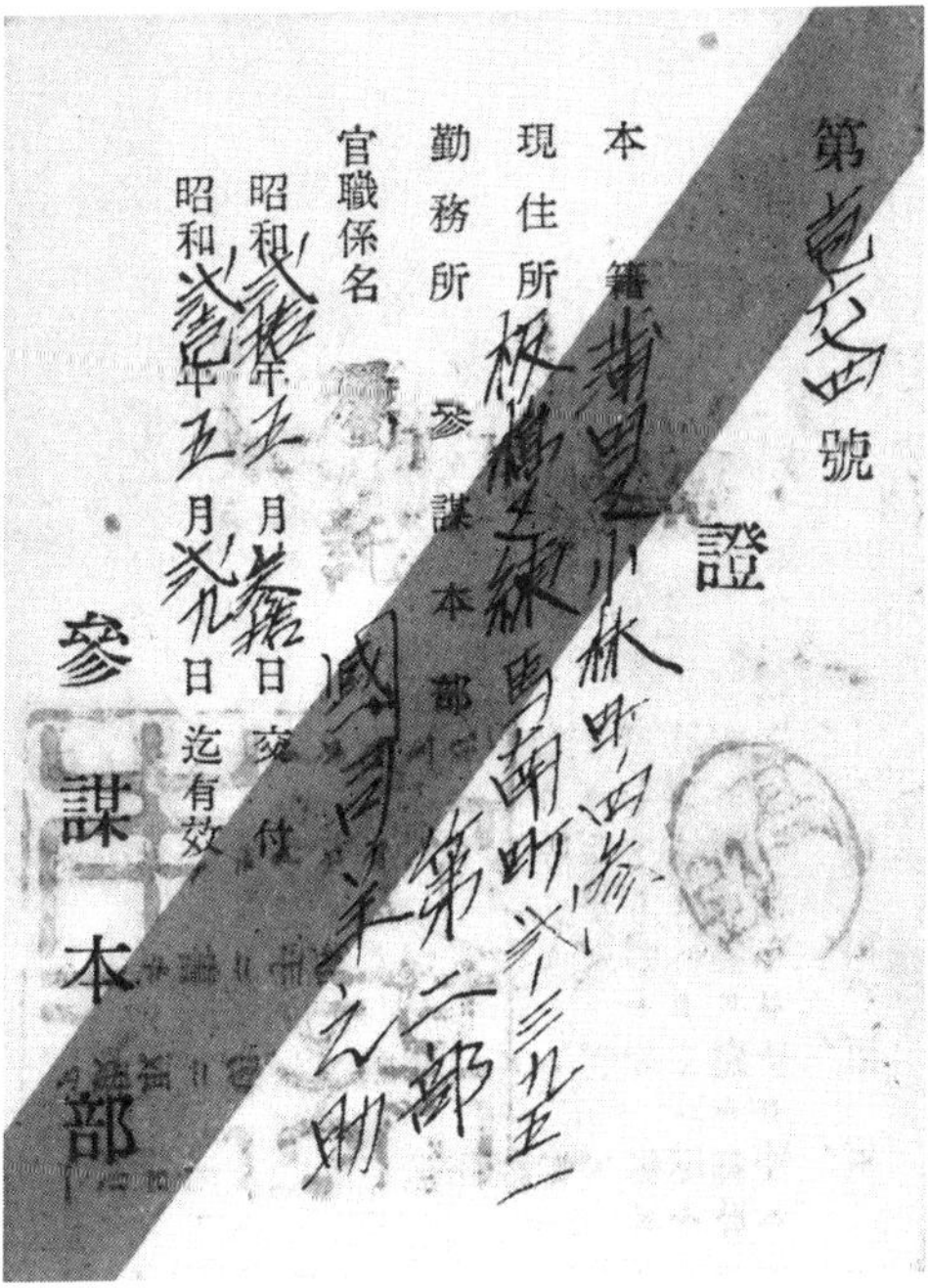

●参謀本部発行の身分証明書

企画

拙著『戦争のグラフィズム』および復刻版『FRONT』の解説Iにおいて紹介したとおり、昭和十六年の東方社創立に当たって、『東方社業務計画』と題したパンフレットが作られている。これは日米開戦の半年前に作られたものであるが、来たるべき全面戦争を想定したものではなく、あくまでも平時における国家宣伝誌（それは一方的であったとはいえ、一九四〇年代の、アジアにおける日本の立場をPRするためのものであった）について述べたものであった。

この国家宣伝誌は、創立の時点ではA3判三十六ページを基準にした月刊雑誌として『東亜建設』という名称が付けられていた。創刊号「産業戦士」、二号「高等専門教育」、三号「東亜共栄圏を結ぶ交通」から十二号「東亜共栄圏」まで、一年分十二冊の特集テーマとその概要をそこに見ることができる。また第二年度は十二冊分についてテーマのみがあげられている。このうち、後に『FRONT』として実現したのは、「日本海軍」「日本陸軍」「満州国」「首都東京」の四冊のみであった。

こうした、創立当時の企画がどの時点で誌名もろとも変更されたかは、当時の事情を知る幹部の人たちがすべて物故した今日では知る由もないが、私が入社した昭和十七年一月には「陸軍号」と「海軍号」が同時進行しており、特に「海軍号」は印刷の真っ最中であった。

私よりやや遅れて入社した今泉武治の日記によれば、同年一月二十三日に氏が初めて東方社を訪れたとき、『FRONT』はすでに完成していたという。これは「海軍号」であり、十五ヵ国語版のうちの一つだったと思われる。

私のいた美術部の部屋と編集部の大部屋とは隣りあわせで、間の壁に連絡用の小窓が開けられていた。企画会議や編集会議は編集部の部屋を使って行われたから、美術部で原弘部長の助手をしていた私の耳には全員の声が聴こえ、会議の模様は手に取るようにわかった。

初めに立てた企画の大筋は、当然、参謀本部の担当将校に回されていたと思うが、この企画会議や編集会議に、参謀の姿を見かけたことはない。編集室とは反対側の北面の窓ごしに旧館の理事室が見え、週に一回ぐらい開かれる理事の集まりには、ときに軍服姿が見られることはあった。おそらく、参謀たちの来訪は理事室どまりだったのであろう。

企画・編集会議に出席するメンバーは、編集部員と担当理事、それに木村伊兵衛写真部長、原弘美術部長らであった。この会議の様子は今泉の日記にも出てくるが、頭と文章で説得しようとする編集側と、イメージを先行させて具体論に持ち込もうとする美術・写真部の意見はなかなか噛みあわなかった。そうしたなかにあって、今泉はなかなかの理論家で、討論のなかで最も発言の多いほうであった。

この、今泉の日記から推定すると、昭和十八年の春から夏の時点で、十九年以降に発行された「華北号」「東京号」「南方号」などがすでに企画会議にかけられていたようだ。初期の「陸軍号」「満州国建設号」なども、企画から完成まで一〜二年かかっている。こうしたテンポでは宣伝物として、戦時中の激しい状況変化に追いつけないのは当然であった。

編集・撮影取材

企画方針が固まった段階で編集担当者が決められた。編集作業はまずドキュメント映画風の、台本づくりからスタートした。こうした段階で外部スタッフに依頼することもあったようだ。先の日記には、亀井文夫、春山行夫、三木茂などの名が出てくる。

台本は美術部や写真部の意見も入れながら固められ、次の撮影に入る。写真取材は相手との折衝もあり、またスケジュールや予算のやりくりもあるので、もっぱら渡辺勉がそのプロデュースを受け持った。特に外地（占領地）撮影は数ヵ月の長期にわたることがほとんどで、行ってみなければわからないことが多く、現場でカメラマンは苦労したようだ。撮影場面の絵コンテが、アートディレクターである原部長から手渡されることもあったが、多くは現場での、臨機応変の処置が要求された。当時まだ二十歳代であった撮影スタッフは、よくこの大任を果たしたと思う。

東方社写真部の技術は、木村部長をはじめ、当時の写真界の水準の中ではトップクラスであった。機材・設備・材料も、戦時下の物資窮乏のなかで可能な限り最高なものを集めるべく努力が傾けられた。このためには軍の特需というお墨付きをフルに活用したわけである。

撮影機材の中心であるカメラは、創立直後に杉原二郎総務部長が上海に出かけ、当時の最新鋭機であるライカⅢＢとその交換レンズ各種、およびローライフレックスⅡ型など数台を購入してきた。

撮影してきたフィルムは暗室担当者により現像され、乾燥後一コマごとに整理用のネガ番号が振られて密着コンタクトが作られた。このネガ整理は写真部所属の三宅君子という女性が、東方社設立の最初から戦後の文化社に至るまで一人で受け持った。この撮影ネガは文化社解散後、原則として各撮影者に渡されている。暗室担当は初め風野晴男が主任で、薗部澄ら数人が受け持った。木村部長は暗室処理技術でも卓越していて、仕上げに関して部下にうるさかった。戦後、風景写真家として活躍した薗部は、当時、木村部長に教え込まれた技術は、作家活動に入ったとき大変役に立ち、ありがたかったといっている。

原弘のレイアウト

こうして、大勢のカメラマンが撮影してきた密着コンタクトは、ファイルブックに整理されて、二階の美術部の部屋に上げられる。これを原部長はルーペで丹念にのぞきながら粗選びし、選んだコマのネガ番号を写真部に下ろす。数日してキャビネに引き伸ばされた印画紙が上げられる。ここからいよいよレイアウトが始まるのである。

『FRONT』のレイアウトに関しては原部長が一手に引き受けて、最後まで余人にはまかせなかった。

昭和の初めに"USSR"や"LIFE""LOOK"などの優れた海外のレイアウトに魅せられ、十年以上も独学でそれらを研究してきた彼としては、その成果を発揮するのは今この『FRONT』しかないという信念に燃えていたと十分に想像されるのである。ルーペを片手に密着をのぞき込む姿や、割付け用紙上に引き伸ばされた写真原稿を並べ、タオルを首に巻いてしばし黙考する姿は、常時同室している私にも近寄りがたい迫力が感じられたのであった。

台本の段階での会議における侃々諤々とは対照的に、レイアウトされたものについては、大勢での検討はあまりなされなかったようだ。ただ初期の数冊では時間的な余裕もあったせいか、社内で「紙芝居」と称していたダミーが作られた。レイアウト通りに原寸に引き伸ばした写真を貼り込み本の形にしたものである。これは、視覚表現に慣れないスタッフに対しての説得および教育の効果を狙ったものだったのかもしれない。また同時にスポンサーでもあった参謀本部に対するデモンストレーションにも使われたと思われる。

「紙芝居」によって最終的に確定したレイアウトは、次に印刷入稿のための指定紙づくりと、入稿原稿の制作に取りかかる。『FRONT』に使われた割付け用紙はB判半裁の紙に刷られ、断ち切り分は一分《ぶ》（三ミリ）で、全面に一分目盛りの方眼が青インキで刷り込まれていた。ちなみに当時はメートル法が施行されていたとはいえ、一般の生活ではまだ尺貫法が使われていたのである。印刷の世界でも寸法指定はすべて尺・寸・分だった。

割付け用紙は上質紙のものとトレーシングペーパーのものがあり、後者はコピー用に使われた。原の指定したレイアウトをライトテーブルの上でトレースするのである。これはもっぱら私の仕事であり、この作業によって師匠のレイアウトを体得していったのである。師匠は私の仕事に対して、ダメだといってやり直しを命ずることはあっても、ああしろ、こうしろと教えることはほとんどなかった。まさに日本的な師弟関係だったのである。

『FRONT』の制作における原の立場は、今でいうアートディレクターであったが、作業の流れを見ていると、すべてが原を中心にして動いていたようだ。原はそれまでの研究の成果のすべてを『FRONT』にそそぎ込むように真剣に取り組んでいたのである。

原稿入稿

印刷所への写真入稿は、原則として、エアブラシで修整したものは別として、調子を整えて原寸大に引き伸ばし、オリジナルネガが一緒に渡されていた。また初期の四冊は外国語の種類が多かったので、まず写真のみグラビア印刷し、文字は後からオフセットで刷り込む方法をとっていた。このため青焼き（青写真）校正が何部も出され、これに各国語を組んだ活字の清刷（版下）を貼り込んでいくのである。これも、もっぱら私の役目で、この作業のために何回も、行き来の不便な凸版印刷板橋工場まで足を運んだものである。

『FRONT』は表現内容が写真優先だったので、刷り込む文章の翻訳はレイアウトがすんでから依頼されたことが多かった。日本語で書かれたシナリオをもとに、「紙芝居」や校正紙を見ながら、対象国の状況を念頭に置いて翻訳されたものであろう。タイ語、ビルマ語、蒙古語、マレー語などそれまであまりなじみのなかった言葉も含まれ、翻訳者の人選には苦労したものと思われる。岡上守道＝黒田禮二（ドイツ語）、服部四郎（蒙古語）、三神勲（英語）、頼《らい》（中国語）の諸氏、さらに日本に留学中の東南アジアの学生などが起用された。

こうした国の文字のなかには日本国内に活字がないものもあり、組版でも苦労が多かった。タイ文字はこのころ石井写真植字機研究所（現・写研）がすでに文字盤を作っていたので、書体の太さに不満は残るがこれを使用し、蒙古文字は満州のハルピンにあった活字を取り寄せて組んだ。ビルマ語は、昭和十七年の段階では写植文字は作られておらず、やむをえず、じルマ人留学生に平ペンで書いてもらったものから版下を作製した。タイトル用の、大型のタイ文字やビルマ文字は私がコンパスと定規で書き起こした。いずれにしても書いている本人が読めるわけでないので、貼り込みのとき逆さに貼ってしまったりするミスも何度か発生した。

中国語は当時の日本の漢字でだいたい間に合い、ロシア文字はすでに活字が揃っていた。そのほかの言葉は通常のアルファベットで組めるので、フランクリンゴシックのボールド体活字を採用、最後まで主としてこれを使った。またインド号に使われたような特殊な書体は嘉瑞工房の井上嘉瑞氏の協力を受けている。創立当初の計画ではアラビア語版も考えていたようだが、これは表記が右横書きであるうえ、活字もなかったことから実現しなかったものと思われる。

グラビア製版・印刷

『FRONT』の印刷は凸版印刷株式会社が初めから最後まで受け持った。初代理事長の岡田桑三の話では、初め光村印刷と凸版印刷が候補に上っていた。両者の製版・印刷能力を検討した結果、グラビア印刷の技術と設備を備えていた凸版印刷に決まったということである。凸版印刷は昭和十三年に板橋区志村に新工場を開設、翌年にはドイツ製のゲーベルグラビア輪転印刷機が導入されていた。この機械はA半裁判の四色機で、両面に、同時に二色ずつ刷れる新鋭の高速輪転機であった。全面を写真で埋めた二色グラビアを頭に描いていた原が、この機械に期待をかけたことは間違いない。

当時、凸版印刷のグラビア課に勤務していた佐藤政三、細淵佳三の両氏から、お話をうかがう機会が最近あった。グラビア課長は小原万古刀《まこと》という三十代の気鋭の技術者で、その下に約二十五人ほどがカメラから印刷までを担当していたという。そのころ雑誌は政府により統合され、印刷用紙も配給が統制されていた時代だから、新鋭のゲーベル輪転機も月に数日しか動かない状況だったという。

開戦を前にして、すでにあらゆる物資が欠乏し、すべての産業資材・原料は統制下にあった。こういうときに最高の資材を集めるには軍需の名前を借りるしかなかった。岡田は当時を回想して、紙はもちろん、グラビアインキの溶剤であるベンゾール、機械洗浄用の揮発油から、それに使うボロ切れまで参謀本部の特需証明が必要で、折衝に苦労したといっている。

グラビア課のスタッフが一番苦労したのは、製版に使うチッシュという感光材料だったという。これは感光性を持たせたゼラチン液をバライタ紙に塗布したものなのだが、ドイツから輸入していたものが昭和十九年ごろにはなくなり、自製せざるをえなくなった。これにはどうしても砂糖が必要ということで特需で出してもらい、前夜に調合してバライタ紙に塗布、翌朝まで暗室内に吊して乾燥させた。しかし空調などなかった時代で、ときに予想外の暑さでゼラチンが流れ落ちてしまい、翌朝出勤したときは紙だけがぶらさがっていたという。

印刷に使うからボロ切れや砂糖がほしいといわれた将校たちも驚いたであろうが、当時貴重品だったこの特需の砂糖は、チッシュになるまでにその大部分があちこちで消えたと想像される。

戦況の激化とともに若い印刷工は次々と兵隊に持っていかれ、人手も資材も日増しに逼迫していったが、小原課長以下のスタッフは、昭和二十年の「戦時東京号」まで、『FRONT』の質を維持するために、苦労したことであろう。

『FRONT』の造本仕様

『FRONT』全冊のデータおよび仕様は別表（三二三ページ）のとおりであるが、ここでは今少し詳しく述べたい。

表紙の印刷ではさまざまな方法が採られている。「海軍号」では木村部長の撮影による水兵の横顔のアップが、グラビアの墨一色で刷られ、タイトルと裏表紙が鮮やかなオレンジ色のベタでこれもグラビアである。「鉄号」もグラビア二色刷、「華北建設号」はグラビア四色を使い人工的なカラー効果を出している。

これ以外の表紙はすべてオフセット印刷である。「陸軍号」はワンショット製版カメラ（一度に三色に撮り分けが可能なスタジオ用大型カメラ）を飛行場に持ち出し、現場で分解撮影したのが目撃されている。「空軍号」「落下傘部隊号」「フィリピン号」「戦時東京号」は、モノクロ写真からレタッチマンが手工芸的にカラー化する人工着色製版が使われている。「満州国建設号」は二色ダブルトーンにベタ一色を使い、満州国の国内向けの表紙は赤と墨のベタ二色である。また戦時の印刷物として出色なのは「インド号」の表紙である。インドの細密画を分解製版したものと思われるが、本刷を見ると何色使っているかわからないほど、空襲が始まった戦争末期の仕事とは思えない精巧かつ贅沢な印刷である。

表紙にいろいろな手法が採られているのに対し、中身の印刷は一貫してグラビアで通している。しかしその刷色は各号変化し、部分的に二〜三色刷も珍しくない。

『FRONT』に使われた印刷用紙は、海外に物資の欠乏を印象づけないためにも意図的に重厚な紙の使用が計画された。これは当時、日本最大の製紙メーカーだった王子製紙株式会社に発注された。グラビア印刷なのでアート・コート系の紙は必要なく、束《つか》の出る上質紙が特漉きされた。表紙用には「千代田」という一五七グラム／m²のものが、本文用には「丸工」という名の八一・四グラム／m²のものが抄造された。これは、ゲーベル輪転機にかけるために長巻き紙も作られた。このように重厚感を出す目的で採用された用紙だったが、この重さが戦局の悪化とともに輸送困難の原因となり、戦時の宣伝物として致命的な欠陥となったのである。

刷り部数については正確な記録はない。生前、私が岡田理事長から聞いたところによると、「海軍号」が国外版だけで六万九千部だったという。この部数も「満州国建設号」あたりまでで、その後は漸減していったことが想像される。平時を想定した、十五ヵ国語による全世界的な宣伝構想は、日米開戦により最初の第一号が完成した時点で崩壊していたのであった。

製本は針金中綴形式だったが、戦前の製本作業はそのほとんどを手作業に頼っていた。初期の『FRONT』には切り込みや片袖、カンノン開き、A全判の折り込みページなど、今日の機械製本が苦手とする仕掛けが随所に使われている。しかし後期のものに次第に少なくなったのは、戦争による人手不足が影響したのであろう。

配布およびその宣伝効果

以上述べてきたように『FRONT』は、グラフィックデザインの技術や製版・印刷の面で、戦前の出版物の水準をはるかに超えるものであった。厳しい戦時下で、当時の最高の技術を

『FRONT』刊行リスト

No.	通称	判型	ページ数	外国語版	制作年
1-2	海軍号	A 3 判	68	15ヵ国語(ほかに国内版)	1942(昭17)
3-4	陸軍号	A 3 判	68	15ヵ国語	1942(昭17)
5-6	満州国建設号	A 3 判	68	中・英・露・タイ・仏・日,ほか不明	1943(昭18)
7	落下傘部隊号	A 3 判	40	中・英・露・日	1943(昭18)
8-9	空軍(航空戦力)号	A 3 判	68	中・英・露	1943(昭18)
10-11	鉄(生産力)号	A 3 判	68	2ヵ国語併記(中・英)	1944(昭19)
12-13	華北建設号	A 3 判	68	2ヵ国語併記(中・日)	1944(昭19)
14	フィリピン号	A 3 判	52	2ヵ国語併記(英・中)	1944(昭19)
特別号	インド号	B 4 判	52	英語(一部中国語)	1944(昭19)
特別号	戦時東京号	B 4 判	52	中国語(写真説明日本語カタカナ)	1945(昭20)
特別号	戦争美術号	B 4 判	—	—	

*『FRONT』は特集システムをとっていたが，各号に正式な呼称はなく，上記の名称は当時における関係者間の通称である。

*「満州国建設号」の満州国向け中国語版・日本語版，および「インド号」「戦時東京号」の表紙には『FRONT』の表題はなく，別な題名が付けられている。

*上記のページ数は表紙4ページを含む。折込みなどの変則ページは，1ページ分のスペースを1ページとして計算した。

*創刊時の外国語版は次のとおり。中国語，英語，ドイツ語，フランス語，ロシア語，スペイン語，オランダ語，ポルトガル語，タイ語，ベトナム語，インドネシア語(オランダ式表記，英国式表記の2種)，蒙古語，ビルマ語，インド・パーリ語。

*「落下傘部隊号」は進行が早く，「満州国建設号」より先に刊行された可能性がある。

*一部日本語版を除き，発行年月日はすべての号に表示がない。また「華北建設号」以降は奥付もない。

*2ヵ国語併記の場合，先に表示したのが主たる表記。

*「戦争美術号」は，敗戦のため刊行には至らなかった。

結集して製作された他に類例のない印刷物であった。しかし、その本来の目的である宣伝物としての効果はどうであったかということになると、これはもう、何もわかっていないのである。

後に東方社の総裁となった建川美次中将が、昭和十七年三月、駐ソ日本国大使を辞任し帰国するに当たって、ソ連外相モロトフを訪れたとき、テーブルの上に意図的であるかのように『FRONT』が置かれてあったという話を、岡田は私にしてくれた。これは「陸軍号」ロシア語版だったと思われる。

また美術部の原が昭和二十年春、上海に出張したとき、現地で知りあった中国人が『FRONT』をすでに見ていて、あれはアメリカで印刷したものだと主張して譲らなかったという話。戦時中、日本海軍の潜水艦が『FRONT』をドイツに運んでいるという噂が社内を中心に流されたこと。戦後まもなく占領軍が『FRONT』を持って凸版印刷板橋工場にジープを乗りつけ、そこで印刷したものだと確認したこと。

そういった断片的な情報が入ってくるだけで、あの膨大な量の『FRONT』がどこに運ばれ、どういう人に配られたのかほとんどわかっていないのである。『FRONT』は軍の諸機関が買い上げる形で東方社の手を離れた。しかし戦闘行動に明け暮れていた軍の機関に、こうした悠長な宣伝物を計画的に配布する余裕などなかったことは十分考えられるし、ましてその効果測定などまったく念頭になかったであろう。

数年前、テレビ取材があったおり担当記者に『FRONT』の配布状況を調査してもらったことがある。アメリカの政府機関や大学の図書資料室などでの保管状況を調査した結果、スタンフォード大学フーバー研究所の他、数か所で数冊の『FRONT』が保管されていることがわかった。入手経路は遡れないが、他にも保存されている可能性は高いという。これらは宣伝物としてよりも、情報収集のために使われたようである。

印刷物として、五十年後の今日見ても驚くような出来栄えでありながら、宣伝物という本来の目的から判断すると、その効果はほとんどゼロに近かったとしか思われないのである。そうしたことを知りながら当時の幹部スタッフは、『FRONT』を作り続けることによってきびしい戦時下の嵐の過ぎるのを待っていたのではなかろうか。

（復刻版『FRONT』III解説、所収）

あとがき

人は一人だけで育ち、生きていくことはできない。自分を取りまくすべての環境からの影響と、そこで出会い接した人たちとの交流で一個の人格が形成されていく。そうした中でも若いうちの経験と環境が最も大きな影響を持ち、その人の一生を左右する原点となることが多い。そして、私にとっての原点は戦争中の四年間を過ごした東方社であった。

だが、そのことを私がはっきりと自覚したのはだいぶ遅く、五十歳を過ぎたときである。三十年の浮沈の年月を乗りこえ、やっと人生の峠にさしかかって今まで辿ってきた道を振り返ったとき、私の脳裏に浮かんだのは、自分の最初の職場だった東方社での日々であった。そこで出会った人びとの生き方であった。そこで初めて覚えたもろもろの技術であった。

そういうことを考えはじめたのは、五十歳という折返し点を機会に、戦後三十年続けてきた出版レイアウトについての技術書をまとめるべく執筆と編集に取りかかったときであった。

書きすすめるうちに、自分の力で開拓してきたと思っていたレイアウト技術や理論が、実は私が最初に経験した東方社時代の仕事にまで遡ることを発見したのである。そればかりでなく、今まで私を支えてきた生活信条の一つひとつまでが、そこでの生き方や、先輩たちとの交流の影響を抜きにしては、考えられないことを痛感させられたのであった。

一介の本づくり技術者にすぎない私にも、自分自身を支えてきたバックボーンがあるとすれば、それは組織嫌いと広告拒否の姿勢である。これは戦時中の体験からの反動であった。

昭和二十年八月十五日を境に、当時の多くの若者がそうであったように、それまで教え込まれ吹き込まれてきた価値感・使命感のすべてがいっぺんに吹き飛んで、国家権力の欺瞞と非情さ、権力を失ったときのもろさ、政治的イデオロギーを個人の命より優先させる組織の傲慢さなどを、つくづく痛感させられたのであった。二度とだまされまいという思いから今では国や政府だけでなく、企業、組合、同業者団体など、あらゆる独占的な大組織を嫌い敬遠するようになった。

一方、広告嫌いのほうは東方社での経験に根ざしている。戦争の本質を知っていた先輩たちはいざ知らず、私は終戦のときまで国家的使命感に燃えて、宣伝物づくりに取り組んでいた。そして敗戦。あらゆる価値観の喪失。そこで自分のしてきたことの無意味さを存分に知らされたのだった。それも戦争という壮大な無駄の一部だったのだが、負け戦の中ではことに宣伝など何の役にも立たなかったのである。これはやがてその後の生き方の中で、こんなむなしい仕事には二度と関わりたくないという気持ちに転化されていった。

組織嫌い広告嫌いが戦時体験の反動だとすれば、戦後四十年間、出版職人としての私を支えたのも、東方社で原先生から仕込まれた技術であった。先生の仕事を見よう見まねで覚えたのだったが、それはまさしく、今、出版界で脚光を浴びているエディトリアル・デザインそのものだったのである。そして戦後私を出版の世界へ導いてくれたのも原先生であった。

『マッセズ』を五号まで出した第二次文化社が次第に経済的に行きづまっていたころ、フリーで出版の仕事に専念されていた原先生から呼ばれた。

「名取（洋之助）君が始めた『週刊サン・ニュース』で、レイアウトをやる人がいなくて困っている。推薦しておいたから、君が手伝わないか」という話であった。こうして私は、名取氏のもとで仕事をするようになった。ここで、三木淳、長野重一、岡部冬彦、根本進などという人たちと出会うことになる。

名取氏は聞きしにまさる強引さで、前記のような若者たちを容赦なくしごいていたのだった。私は客員として夕方から出かけレイアウトを手伝っていたのだが、東方社的ムードに慣らされていたので、名取氏のやり方に反発して半年ほどでやめてしまった。あやまりに行った私に原先生は、かつて自分も日本工房時代に経験したことだけに何もいわなかった。間もなく『週刊サン・ニュース』も休刊になり、私はまたフリーという名の失業者にもどった。そのころは出版ブームなどといわれた時代だったが、出版社も個人も荒海に浮かぶゴミのように、浮いたり沈んだりしていたのである。

そのころから広告の世界は戦後復興の波に乗って、華々しい展開を見せはじめていた。若いデザイナーは皆そちらに行き、収入は出版関係の何倍もあった。私はそれを横目で見ながら、意地になって本づくりにこだわっていた。しばらくして見かねたのか原先生が、今度は平凡社に紹介してくれたのである。そのころ平凡社では『児童百科事典』というユニークな出版の編集が進んでいて、原先生と林達夫先生はその編集委員として協力されていた。

こうして私は本格的に出版の世界に入ることになり、平凡社の編集局長だった下中邦彦氏をはじめ、あちこちの出版社から集められた、多くの一匹狼的〝サムライ編集者〟とも知り合った。その後、長野氏のさそいで一時『岩波写真文庫』を手伝い、ここで東方社時代の友人薗部澄氏と再会した。

三十代はやりたい仕事もあまりなく、のんきに山岳写真などを撮っていたが、やがて私が四十歳のとき、下中氏の夢だったグラフ雑誌『太陽』が刊行されることになった。私は東方社以来久しぶりに、原先生のもとで、先生を補佐してそのアートディレクションを経験させてもらった。この雑誌は最初から特集主義をとり、それはやがて『別冊太陽』に発展した。一冊一テーマという写真による雑誌形式の出版物は、それまで日本にはなかった。こうして『FRONT』が採用した特集主義は、二十年後の日本の出版界にやっと芽を吹き定着したのである。

日本の本格的グラフィック出版の最初であり、私自身の原点でもある『FRONT』について記録をまとめようと決心したのは、今から十年前の、昭和五十三年のことである。それよりさらに前、日本写真家協会の企画・編集で『日本写真史 1840-1945』が平凡社から刊行されることになり、私もその装幀やレイアウトを手伝った。その中で『FRONT』の「海軍号」と「陸軍号」が、「広告と宣伝」という項目の中で初めて紹介された。

それ以後、雑誌などで断片的に取り上げられるようになったが、当事者である東方社の幹部だった人たちが『FRONT』についてほとんど沈黙していたこともあって、推測をもとにした記事が多く、正確な記録として書かれることが少なかった。なかには、この宣伝物の写真はすべて合成・ねつ造されたものであるかのような記事も現われるに至った。こういう状況は東方社を生まれ故郷のように思う私にとって、耐えられないことであった。あの時代、多くの仲間を国家の暴力から守った幹部の人たちの苦労を思い、このままではすまされない気持ちであった。

そのころ私は、出版技術研究の個人雑誌を計画していたときだったので、まずその創刊号で『FRONT』のことを書こうと考えた。この第一号は『E＋D＋P』という誌名で、昭和五十四年四月に発行され、その中でそれまでの調査研究を、「幻のグラフ雑誌FRONT」という題で、今後の取材のための捨て石にするつもりで発表した。これは東方社時代の知人・友人に発送して、多くの人たちから好意的な反響がよせられたが、ある日思いがけなく林達夫先生から電話が入った。

「君、あれ読んだ。最初は『陸軍号』だったのだよ」

林先生は当時のことを最も語りたがらない人と思っていたから、その先生から直接電話をもらったことが大変うれしかった。

「君が当時のことを調べたいのなら、そのうちゆっくり話をしてあげるから、（暑い間けぼくの身体の調子が悪いので）秋になったら平凡社に尋ねてきなさい」といってくれたのだった。だが、その夏、先生は病床に臥し、涼しくなっても平凡社に出てこられなかった。そうして聞くこともないままに、数年後に亡くなられてしまったのである。

同じころ原先生も病床にあって自宅療養されていたが、私は何回か、見舞いがてらお話をうかがった。また、まだ元気だった初代理事長である岡田桑三氏から、原先生と、先生の奥様も交えて長時間、創立当時のいきさつを聞かせていただいた。『E＋D＋P』に何回か関連記事を発表しているうちに、東方社にいた方たちから情報や資料が多くよせられるようになり、そのたびに録音していたテープは三十時間以上に及んだ。ある年、経理担当で、東方社に最初から最後まで在籍した国司羊之助氏にお会いして、私のあまり知らない総務部関係のことを尋ねた。そのとき、几帳面な氏が戦争末期の二年間、毎日メモを書き綴っていた古い手帳をお借りすることができた。このメモは、私を含めた当事者のあいまいな記憶や勘違いを訂正し、多くの証言を裏づけるのに重要な役割を果たしたのだった。

このほかにもたくさんの方たちからの協力を得て、今まではっきりしていなかった東方社の歴史を、やっと明らかにすることができた。紙数の関係でいちいちお名前をあげて感謝できないのが残念だが、貴重な資料や情報をよせて下さった方がたのお名前は巻末の名簿に掲載させていただいた。

数年前、私のところに二人の若い編集者が訪ねてきた。『FRONT』の存在を知り、私がそれを長年調べていると聞いてやって来たのだった。翔洋社という小さな編集プロダクションに所属する倉沢哲哉、保科孝大の両君である。以来出版のあてもないまま、資料の収集、文献の確認など多忙の中をたびたび手伝ってくれた。平凡社での刊行が決まってからは、原稿の添削、整理、連絡など、雑用のすべてを受けもってくれた。両君の長期にわたる協力がなかったら、本書が日の目を見るのはもっと遅かったであろう。私は本づくりを職とする人間である。長年編集者に協力して、多くの本の装幀やレイアウトを手がけてきたが、一冊の本が出来上がるまでに、編集・制作・印刷製本と、実に多くの人びとの苦労が積み重ねられる。今回、自分の著書を出すにあたって、あらためてそのことを実感している。

今は亡き林達夫、原弘、木村伊兵衛、岡田桑三、中島健蔵の各氏など、東方社の幹部だった方たちと縁の深かった平凡社からこの本が発行されることは、諸先生方にも喜んでいただけることと思う。またこの本をつくるにあたっては、装幀を担当してくれた中野達彦君、平凡社の下中直也社長、編集部の石塚純一氏、製作を担当した株式会社東京印書館とハナマナックセンターの方がたに多くのご尽力とご協力をいただいた。深く感謝する次第である。

なお、文中、第一章から終章までに登場する方がたのお名前は、すべて敬称を略させていただいた。末尾ながらここでその非礼をお詫びしてご了承を請いたい。

一九八八年四月

多川精一

平凡社ライブラリー版　あとがき

現代の戦争は、国家権力が起こし、政府が国民を強制動員し、国民という名の市民が戦う。その結果、殺人など考えたこともない市井の庶民が、人を殺し、自分も殺されることになる。昭和の日本で十五年間続いた戦争もそうであった。

あの時代、戦争などしたくなかった文化人が、国家総動員の戦時体制の中で、暴力の荒れ狂う嵐の時代に、どうやって生きのびてきたか。東方社に集った人たちが『FRONT』という宣伝物を作りながら、殺すことも殺されることもなく、権力者の目をくぐりながら戦後まで生き残った歴史を記録しようと思ったのが、本書の執筆の動機であった。

『FRONT』は戦時中の宣伝物なので、軍艦、戦車、航空機など、当時戦場で使われた日本軍の新鋭武器が数多く登場する。今私たちがそれらを見るとき、戦争経験者にとっては懐旧の思いがあることだろうし、戦争を知らない世代は戦艦の写真に「宇宙戦艦ヤマト」の姿を重ねて見るかもしれない。それは架空ではあったが過去の日本の栄光の姿でもある。しかしそれを見る人は忘れないでほしい。命をかけて戦ったのは人間だったことを。

最初に発行された海軍号の表紙は、徴兵にとられた日本海軍水兵の横顔のクローズアップであった。このほか『FRONT』には当時の日本の若者が、一介の兵士として数多く登場している。また後期発行の『FRONT』には、日本軍兵士と同世代の中国や東南アジアの男女が登場する。それらの人たちの中には戦争のさなか、自らの意志ではない理由で命を落とした人も多かっただろう。そして生き残った者も、その後の激動の二十世紀を必死にくぐり抜けてきた。それらの若者も今はおそらく七十代後半から八十代になっているはずである。

幸いなことに非情な現代戦を経験することなく、戦後の日本人は半世紀を過ごしてきた。しかしこの地球上から戦争が消えたわけではない。戦争の危険は世界中の国境で、また平和を謳歌している日本国内にも充満している。前の戦争を経験してきた者にはわかることだが、戦争というものは起きてしまってからでは、非力な個人の力ではどうすることもできない国家による人的災害なのである。本書はそのような悲劇が再び私たちを襲ったときの、身の処し方のひとつの指針として書き進めてきたことも確かだが、今は来たるべき二十一世紀の世界で、この本がそのようなことに役立つ必要がないことを祈るのみである。

＊

本書は始め一九八八（昭和六三）年に『戦争のグラフィズム――回想の「FRONT」』という書名で平凡社から出版された。今回再び平凡社ライブラリーの一冊として刊行されることになり、その後判明した新たな事実と間違いを加筆・訂正し、サブタイトルを改めた。

かつての戦争はますます風化し、あの悲劇も惨劇も忘れ去られる状況にある。だが戦争の危険は常に私たちの周辺に存在し続けている。再びあの時代の悲劇を繰り返さないために、本書から何らかの示唆と教訓をくみ取って頂ければ、生きのびた著者として望外の喜びである。

終わりに、解説を書いて頂いた山口昌男氏と、平凡社の今村一人氏と首藤憲彦氏、それと単行本刊行のおりに資料提供と経験した事実を教えて頂いた多くの関係者に、再び感謝申し上げる次第である。

二〇〇〇年七月

多川精一

＊『FRONT』海軍号の表紙（本書のカバーも同じ）に登場する日本海軍水兵の写真は、昭和十六年秋、太平洋戦争の直前に、日本海軍連合艦隊が行った大演習に取材のため参加した、東方社写真部部長、木村伊兵衛氏が撮影したものです。日本海軍の戦艦「伊勢」の乗員で、年齢は二十代前半と思われ、現在生存されていれば七十代後半から八十代前半になると思われます。ご当人またはお知り合いでお心あたりのある方は、平凡社編集部までご一報ください。

小野寺百合子『バルト海のほとりにて』 1985　共同通信社
『大本営陸軍部将校高等文官職員表』 1937〜41　防衛庁防衛研究所図書館
『日本陸海軍の制度・組織・人事』 日本近代史料研究会編　1971　東京大学出版会
池田徳真『日の丸アワー』 1979　中公新書
池田徳真『プロパガンダ戦史』 1981　中公新書
恒石重嗣『心理作戦の回想』 1978　東宣出版
勝野金政『凍土地帯』 1977　吾妻書房
『日本プロレタリア映画同盟「プロキノ」全史』 プロキノを記録する会編／並木晋作著　1986　合同出版
『披黒雲　睹青天』 浅川謙次追悼遺稿集刊行委員会編　1977
山室太柁雄「東方社のことなど㈣」『思想経済』1968年2月29日号所収
山室太柁雄「東方社のことなど㈤」『思想経済』1968年3月31日号所収
牧江宏一「〝幻の長野工場〟」『トッパン友の会会報』第11号（1980年11月1日発行）所収
柏木博「戦争のグラフィズム」『月刊百科』1985年2月号／6月号所収
「「スターリン暗殺計画」の主人公リュシコフ大将の最期」『週刊朝日』1979年7月8日号
多川精一監修『復刻版 FRONT』 1990　平凡社

参考文献

濱谷浩『潜像残像』 1971 河出書房新社
伊奈信男『写真・昭和五十年史』 1978 朝日新聞社
『先駆の青春』「日本工房の会」編集委員会編 1980 日本工房の会
中西昭雄『名取洋之助の時代』 1981 朝日新聞社
F. Roh and J. Tschichold (ED.), *Photo-eye, 76 Photoes of The Period*, 1929, Akademischer Verlag Dr. Fritz Wedekind & Co.
『日本写真史 1840-1945』 日本写真家協会編 1971 平凡社
『木村伊兵衛傑作写真集』 1950 朝日新聞社
『原爆を撮った男たち』「反核・写真運動」編 1987 草の根出版会
『世界写真全集』別巻 1959 平凡社
『一億人の昭和史』③ 1975 毎日新聞社
『一億人の昭和史』④ 1976 毎日新聞社
『一億人の昭和史』⑮ 1977 毎日新聞社
『日本空襲 記録写真集』 1971 毎日新聞社
『戦争と宣伝技術者』 山名文夫・今泉武治・新井静一郎編 1978 ダヴィッド社
『日本デザイン小史』 日本デザイン小史編集同人編 1970 ダヴィッド社
『欧文活字とタイポグラフィ』 欧文印刷研究会編 1966 欧文印刷研究会
中西亮『世界の文字』 1975 松香堂
原弘『原弘 グラフィック・デザインの源流』 1985 平凡社
中島健蔵『昭和時代』 1957 岩波新書
中島健蔵・巌谷大四『その人その頃』 1973 丸ノ内出版
中島健蔵『回想の文学』⑤ 1977 平凡社
林達夫『林達夫著作集』別巻Ⅰ 1987 平凡社
吉村昭『深海の使者』 1976 文春文庫
山川幸世『ある演劇人の軌跡』 1981 未来社

資料提供および取材にご協力いただいた方（敬称略）

大木　実
太田貞子
岡田桑三
風野晴男
菊池俊吉
倉沢哲哉
国司羊之助
佐久間英弌
薗部　澄
谷口善兵衛
林　重男
原　弘
原美智子
保科孝夫
山室太柁雄

『E＋D＋P』掲載・関連記事一覧

本書は一部、『E＋D＋P』（東京エディトリアルセンター発行）掲載の左記記事をもとにまとめた。

「幻のグラフ雑誌FRONT」　一九七九年
「幻のグラフ雑誌FRONT・追録」　一九七九年
「戦時中の対外宣伝印刷物1944-1945」　一九七九年
「戦時下〝謀略写真〟の顚末」　一九八一年
「戦時下国内向けポスター」　一九八二年
「〝伝導師〟太田英茂の生涯」　一九八三年
「報道写真――日本工房1934年」　一九八四年
「ただ一冊残った幻の雑誌『FRONT』最終号」　一九八六年
「努力の人〝原弘〟が歩いた一筋の道」　一九八六年

本書の図版説明での製作者・撮影者名は確認できたもののみ入れた。

解説——東方社をめぐる人々

山口昌男

本書『戦争のグラフィズム』の中では余り語られない東方社の改革（昭和十八年）は、多川精一氏によって「梓川村日録——太田英茂の生涯4」（『紙魚《しみ》の手帳』第四号、東京エディトリアルセンター）の中で語られる。この記録は貴重である。何故ならば岡正雄、林達夫といった当事者たちは、戦後ほとんど事のいきさつを語ることなく世を去ったからである。

太田英茂については、多川氏はすでに『太田英茂』（エディトリアルデザイン研究所、一九九八年）の中で、東方社において太田の演じた機構の改革者としての役割に触れている。昭和十八年の春ごろ幹部の理事の間がうまく行かなくなり、旧中央工房からきていた岡田桑三や林達夫らの理事と木村伊兵衛、原弘らが太田英茂を事務総長という肩書きで連れて来て、東方社の機構改革を推進させた。太田は岡田桑三を含む数名の理事の退職、新理事の就任、総務関係の大幅組織替え、それに各部署の人員と部屋の入れ替えを提案して受け入れられた。多川氏のこの時の印象では、太田は総務関係には厳しく、写真や美術といった制作現場に対してはややゆるい措置をとったようであった（同書六三―六四頁）。退役中将の建川美次がこの時総裁として招かれた。建川は駐在武官としてヨーロッパに駐在した経験もあり、ダンディで、葉巻をくゆらせているのが常であった。建川は東方社に軍服で現われたことは一度もなかった。多川氏は左翼演劇関係の人間を東方社に推薦したことを述べている。これは山川幸世のことであろう。太田は昭和十八年秋、故郷信州梓村に家族を伴って帰っていった。

敗戦を待たずに東方社は自然消滅を遂げた。

岡正雄は故郷の松本に帰った。岡田桑三との付き合いは戦後も続き、岡田の発案で『スーパーマン』という漫画雑誌を創刊したが長く続かず、倒産して大きな借財を作った。後に東京都立大学の社会学科教授になり、私はこの大学院で彼を師と仰ぐことになった。岡は私などが東方社について話を聞こうと水を向けても全く応ずる様子を示さなかった。林達夫にしても同じであった。林は、戦後平凡社の顧問になり、『世界大百科事典』の編集長をつとめた。従ってその機会に旧東方社の人脈は、知的な意味で蘇ったといえよう。第一版も改訂版（一九六四～六八年）も、民族学部門は岡が責任者として協力した。改訂版で私は彼の弟子としてシベリア関係の民族・部族について執筆したので、岡の知の分枝の一つになった。岡は、大アジア主義の影響からアジア・アフリカ問題に関心を抱いていた下中彌三郎の依頼で、アフリカ研究を指導して平凡社の中に資料センターをつくり、大学院で私の同級生であった村武精一氏を嘱託に任じた。

林達夫からは、私は『歴史の暮方』をはじめとする戦前・戦後の刊行物を古本で手に入れて、花田清輝と共に強い影響を受けていたが、私が執筆した「文化の中の知識人像」（『思想』一九六六年三月号）を読んで私の道化論に共感を覚え、平凡社が『現代人の思想』（全二十二巻）を企画した時、第十五巻『未開と文明』の編者に林が私を指名したのがきっかけとなって、その後比較的頻度が高い形で会うようになり、時には作家大江健三郎氏を交えて会うことになった。この愉しいシンポジオンは、大塚信一（現岩波書店社長）が録っていた録音テープが発見され、単行本として上梓されるに至った（『林達夫座談集 世界は舞台』岩波書店、一九八六年）。

そうした関係もあってか、林の鎌倉における葬儀に際して、私が谷川徹三に続いて弔辞を読むという縁となった。この葬儀の時、林の弟である林三郎（元陸軍大佐。参謀本部第五課付き。ドイツ軍参謀メッケルの研究家）にお会いする機会を得た。

戦後、平凡社には東方社に関係した人物が様々の形で現われる。しばらくの間は、平凡社側も下中彌三郎の戦犯追放の可能性の問題もあり（下中の公職追放確定は昭和二十三年一月）、鳴りを潜める意味もあって東方社関係者との接触には気をつかったようである。敗戦前の平凡社は特に東方社と関係があったようには思われない。林達夫が顧問に就任し、下中が追放解除となり、千代田区麴町四番町に社屋を購入し本社を移転したのは昭和二十六年（一九五一）のことである。この土地は戦前の法曹家花井卓蔵邸・満鉄副総裁公邸だったそうである（塩沢実信『出版界の華麗なる一族』朝日出版社、一九八九年、九八頁）。林達夫が顧問に就任した年に旧東方社から歩いて十分もかからない土地に社屋を移転し、その前後、次第に旧東方社系の人物達との繫がりを強めていった出版社には少なからず興趣がそそられるが、これ以上、この問題を論ずべき確証は見当らない。

奇しくも、この昭和二十六年に刊行がはじまった『児童百科事典』（全二十四巻）の編集委員の中に岡正雄の名が見られる。戦後、岡正雄が信州の故郷に逃げ帰ったのは戦犯指定の可能性があったからである。岡自身が筆者に語ったところでは、昭和十八年頃、岡や社会学者の高田保馬たちが「日本民族学協会」を興したときに使った建物が、接収されてアメリカ領事館となったため、岡は戦犯指定は必至と見て、一目散に逃げ出して逸早く漫画雑誌『スーパーマン』を刊行しはじめたということらしい。大正十一年頃、油彩による大杉栄の肖像画を描き、旧制二高の学生で社会科学研究会のメンバーであった岡に、いかにもありそうなエピソードである。この油絵を私は生前の岡に見せて貰った。今でも旧宅に保存されているように思われる。岡の子息で私のテニス友達の岡千曲氏に確かめてみたいと思っている。

東方社関係の人物は、その後次第に平凡社との関係を深めていく。昭和二十八年（一九五三）の『年刊世界文化事典』、昭和二十九年の『世界文化地理大系』（全二十八巻）、『世界文化年鑑』に中島健蔵、昭和三十年の『世界の子ども』（全十五巻）に原弘、『世界大百科事典』（全三十二巻）に岡正雄、昭和三十一年の『世界写真全集』（全七巻）に伊奈信男、木村伊兵衛、原弘、昭和三十三年の『日本民族の起源』には岡正雄が石田英一郎らと加わっている。この書物は江上波夫による騎馬民族説を中心に日本文化の成立を説いたもので、岡及び民族学の、平凡社に対する影響力を一挙に増大させたといってよい。同年に刊行が始まった『日本民俗学大系』（全十三巻）は圧倒的な岡の影響力の下に刊行されたものである。筆者もこの大系の第十三巻に「フランス・イタリア民俗学管見」という文章を寄稿しているから、筆者の登竜門であったといえるかも知れない。筆者は昨年『敗者学のすすめ』を平凡社から上梓したが、東方社—平凡社という敗者の雄との由縁《ゆかり》も又この辺りを淵源に発しているといえるかも知れない。

このようにして、中島健蔵、林達夫、原弘、木村伊兵衛などが出現して来る。下中記念財団EC日本アーカイヴズが発足し、岡田桑三はドイツの百科全書的民族誌記録映画を子息と共に編集して公開し、筆者も西アフリカのアグニ族の記録映画公開の折りに、解説講演を依頼された。終演後、平凡社内の一室で岡田桑三父子と話す機会が与えられ、東方社時代のことをほのめかされ新鮮な驚きにうたれたことを想い出す。

その後、平凡社の編集部にいた石塚純一氏に、この『戦争のグラフィズム』の著者多川精一氏が、東方社に関係しており、東方社創立の趣意書をはじめとする史料（資料）を多数所有しておられることを教えられ、飛び上がって喜んだ。その多川氏の著書『戦争のグラフィズム』が平凡社で出されたことに深い感慨を覚えた。そしてその石塚氏が、今日私の勤務する札幌大学の出版論の助教授として、同僚として勤務しているのは何より僥倖と思われる。知の良質の部分は権力を媒介としてではなく、人間の不思議なネットワークを介して、来るべき世代にも繋がっていくことを想わせる。多川氏の力作の解説の機会を与えていただいたことを、誰にお礼をいっていいのかわからないが、一冊の卓越した著作には、こうした時代・場所を異にした様々の重層した、刺激的な出会いが秘められていることを確認して、この書物の解説の筆を擱きたい。

（やまぐち　まさお／文化人類学）

平凡社ライブラリー　349

戦争《せんそう》のグラフィズム

『FRONT』を創った人々

発行日…………2000年7月15日　初版第1刷
2023年9月18日　初版第2刷

著者……………多川精一

発行者…………下中順平

発行所…………株式会社平凡社
〒101-0051　東京都千代田区神田神保町3-29
電話　(03)3230-6579[編集]
(03)3230-6573[営業]
振替　00180-0-29639

印刷・製本………株式会社東京印書館

装幀……………中垣信夫

ISBN978-4-582-76349-2
NDC分類番号210.7
B6変型判(16.0cm)　総ページ352

平凡社ホームページ　https://www.heibonsha.co.jp/

落丁・乱丁本のお取り替えは小社読者サービス係まで
直接お送りください(送料,小社負担)。

笠原十九司著

増補 南京事件論争史

日本人は史実をどう認識してきたか

明白な史実であるにもかかわらず、否定派の存在によっていまだ論争が続く南京事件。否定派の論拠のトリックとは？　親本（平凡社新書）刊行後の10年分を増補した全史。

半藤一利著

世界史のなかの昭和史

昭和史を世界視点で見ると何がわかるのか？　ヒトラーやスターリンらがかき回した世界史における戦前日本の盲点が浮き彫りに。日本人必読の半藤〈昭和史〉シリーズ完結編、待望の文庫化！

アロイズィ・トゥヴァルデッキ著／足達和子訳

ぼくはナチにさらわれた

秘密組織による周辺国からの「優れた」子供の誘拐とドイツ化。拉致により二つの国に引き裂かれた少年が告発する戦慄の国家犯罪と結末。

毛沢東著／竹内実訳

毛沢東語録

毛沢東の著作から彼の革命精神を表す言葉を集めた『毛沢東語録』。かつて世界を揺るがせたこの本から、今、何を読みとるか。

解説＝津村喬／田崎英明

E・W・サイード著／大橋洋一訳

知識人とは何か

〈知識人とは亡命者にして周辺的存在であり、またアマチュアであり、さらには権力に対して真実を語ろうとする言葉の使い手である。〉著者独自の知識人論を縦横に語った講演。

解説＝姜尚中

ジョン・エリス著／越智道雄訳

機関銃の社会史

発明当初、アフリカ・アジアの植民地の拡大に使用された機関銃は、第一次世界大戦ではより強力な武器として世界史を変えた。軍事技術と社会のかかわりを鋭く追究した名著。

ヴァージニア・ウルフ著／片山亜紀訳

三ギニー

戦争を阻止するために

教育や職業の場での女性に対する直接的・制度的差別が、戦争と通底する暴力行為であることを明らかにし、戦争なき未来のための姿勢を三ギニーの寄付行為になぞらえ提示する。

【HLオリジナル版】

ポール・ド・マン著／上野成利訳

美学イデオロギー

デリダの衣鉢を継いでテクストの脱構築を徹底的に推し進めたド・マンやカントやヘーゲル等を分析対象に〈美的なもの〉と〈政治的なもの〉の起源と系譜に鋭く切り込んだ幻の主著。

T・イーグルトン著／大橋洋一訳

イデオロギーとは何か

近・現代思想のキー概念であるイデオロギー。その意味と役割の変遷、批判の歴史をマルクス以後の代表的思想家の論点を紹介しつつ述べたロングセラー。『文学とは何か』姉妹編。

丸山眞男著／杉田敦編

丸山眞男セレクション

日本政治思想史と政治学の知見をもって戦後思想をリードした丸山眞男。その思考の特徴を示す代表的な論考を集め、丸山再認識への最良のエントランスを提供する。編者による鮮やかな丸山論収載。